NACH-DENKEN

Carlo Schmid und seine Politik

NACH-DENKEN

Carlo Schmid
und seine Politik

Haus der Geschichte
der Bundesrepublik Deutschland

Argon

Wissenschaftliches Symposion
am 2. Dezember 1996
aus Anlaß des 100. Geburtstages
von Professor Dr. Carlo Schmid

Stiftung
Haus der Geschichte
der Bundesrepublik Deutschland
in Zusammenarbeit mit der
Carlo-Schmid-Stiftung

Alle Rechte vorbehalten. Ohne ausdrückliche Genehmigung des Verlages
und des Herausgebers ist es nicht gestattet, das Buch oder Teile daraus
zu vervielfältigen, zu veröffentlichen oder auf Datenträger zu übertragen.
Redaktion: Regina Krane
Fotos: Haus der Geschichte, Michael Jensch, Axel Thünker, Meldepress
Einbandgestaltung: Agentur Schleiner und Partner, Freiburg im Breisgau
Satz und Repro: LVD GmbH, Berlin
Druck und Verarbeitung: Clausen & Bosse, Leck
Printed in Germany
© Haus der Geschichte, Bonn, und Argon Verlag, Berlin 1997
ISBN 3-87024-367-8

Inhalt

Zeitzeugenberichte

Zeitzeugen über Carlo Schmid

Plakat aus dem Bundestagswahlkampf 1953

Hermann Schäfer

Einleitung

Am 3. Dezember 1996 wäre Carlo Schmid 100 Jahre alt geworden:
Anlaß für das Haus der Geschichte zu einem Symposion über Carlo
Schmid einzuladen, in dem sowohl Fachwissenschaftler als auch
Zeitzeugen zu Wort kommen. Diese doppelte Betrachtungsweise
ist besonders für einen Menschen wie Carlo Schmid geeignet, der
nie in vorgefaßte Formen gepreßt werden wollte. Carlo Schmid war
universal gebildet und mehr als Politiker. Er übersetzte Baudelaire
und Malraux, hielt an der Frankfurter Universität inspirierende
Vorlesungen zur europäischen Ideengeschichte und verstand es,
durch geschliffene Rede und spitze Feder auch bei tagespolitischen
Themen der öffentlichen Diskussion seinen Stempel aufzudrücken.
Um die Gesamtheit von Carlo Schmids Persönlichkeit zu erfassen,
bedarf es mehr als einer Perspektive. Wie kaum ein anderer übernahm er die unterschiedlichen Rollen eines homme de lettres, und
aus seiner Sicht bestand wohl auch kein Gegensatz zwischen dem
Politiker, dem Staatsrechtler und dem Sprachgelehrten. In der Rück-
schau sind die vielen Facetten dieses beeindruckenden Mannes zu-
sammenzuführen, um die ganze Persönlichkeit verstehen und würdigen zu können.

Das Symposion soll nicht nur zum »Nachdenken« über Carlo
Schmid anregen, sondern diesen Gründungsvater der Bundesrepublik auch wieder mehr in das Bewußtsein der Öffentlichkeit rücken.
Der Sohn einer französischen Mutter und eines deutschen Vaters
bietet noch heute manchen Anknüpfungspunkt zur aktuellen Politik. Seine europäische Gesinnung und sein humanistisches Weltbild
verhinderten, daß er in den Jahren der nationalsozialistischen Diktatur in den Sog des Nationalismus geriet. Gleichzeitig entsprang
sein geläuterter Patriotismus der Überzeugung, daß Deutschland
trotz aller in diesen zwölf Jahren begangenen Verbrechen auch mit
Stolz auf große Teile seiner Geschichte zurückschauen könne. Die

Gleichberechtigung und Integration Deutschlands in ein demokratisch verfaßtes Europa waren Carlo Schmids herausragende Ziele, und für sie trat er sein Leben lang ein.

Daß ein Mann mit solchen Talenten und mit einem von Bewunderern ebenso wie von politischen Gegnern immer wieder hervorgehobenen freundlichen und offenen Wesen »nur« zum langjährigen Vizepräsidenten des Deutschen Bundestages gewählt und zum Bundesratsminister in der Großen Koalition berufen wurde, wirft Fragen auf, die sowohl auf die politische Durchsetzungsfähigkeit Schmids als auch auf Mechanismen moderner Politik zielen.

Dieses Symposion wurde gemeinsam mit der Carlo-Schmid-Stiftung vorbereitet. Für die gute Zusammenarbeit bedanke ich mich herzlich bei deren Vorsitzenden, Siegmar Mosdorf, MdB. Daß Carlo Schmid noch heute als Vollblutparlamentarier in Erinnerung ist, wird auch durch die Bereitschaft der Bundestagspräsidentin, Prof. Dr. Rita Süssmuth, dokumentiert, einen Empfang zu seinen Ehren zu geben. Alle Referenten und Zeitzeugen sind ohne Zögern unserer Einladung gefolgt und haben spontan ihre Mitwirkung zugesagt. Besonders freue ich mich über die Teilnahme von Horst Möller und Rudolf Morsey, weil beide dem Haus der Geschichte seit langen Jahren verbunden sind. Horst Möller gehörte schon dem Sachverständigenrat an, der die erste Konzeption des Hauses der Geschichte erarbeitete, Rudolf Morsey wirkt von Beginn an intensiv im Wissenschaftlichen Beirat der Stiftung mit.

Das Haus der Geschichte der Bundesrepublik Deutschland widmet in loser Folge prägenden Persönlichkeiten des politischen Lebens der deutschen Zeitgeschichte Symposien. Deren Beiträge werden in der Reihe »Nach-Denken« publiziert; die beiden ersten Bände beschäftigten sich mit Konrad Adenauer und Kurt Schumacher – den beiden herausragenden Politikern der unmittelbaren Nachkriegszeit. Die dritte Veranstaltung dieses Zyklus erinnert an Carlo Schmid, dessen Leistungen am ehesten vielleicht unter drei Begriffen zusammenzufassen sind: Verfassungsgeber, parlamentarischer Vordenker und – bisher möglicherweise unterbewertet – profilierter Außenpolitiker. Wie aktuell sein Denken bis heute geblieben ist, wollten wir mit einem Satz von Carlo Schmid zum Ausdruck bringen, der über dieser Veranstaltung steht: »Wir alle irren, wenn wir glauben, wir könnten Europa schaffen, indem wir es halb schaffen. Wenn Europa werden soll, dann muß man aufs Ganze gehen.«

Siegmar Mosdorf

Carlo Schmid zum 100. Geburtstag

»Verbotene Frucht wie der Lorbeer ist am meisten das Vaterland. Die aber kost' ein jeder zuletzt.«

Vor 100 Jahren ist in Perpignan Carlo Schmid geboren, der dieses schwierige Wort von Hölderlin seinen Lebenserinnerungen voranstellte. Aufgewachsen in Stuttgart, eng verbunden mit der Stadt Hölderlins, Tübingen, begegnet Carlo Schmid dem kritischen Rationalismus der Frankfurter Schule an der Universität Frankfurt/Main und wird von der Arbeiterstadt Mannheim 23 Jahre lang direkt in den Deutschen Bundestag gewählt.

Theodor Heuss hat Carlo Schmid einmal »das Silberbesteck in einem Proletarierhaushalt« genannt. Die SPD wäre heute mit dem Begriff »Proletarierhaushalt« nicht mehr richtig charakterisiert, auch deshalb, weil es heute keine Gesellschaft der Proletarier mehr gibt. Doch auch heute wäre Carlo Schmid etwas Besonderes in der SPD. Er war Wissenschaftler und Völkerrechtler von hohem Rang, er war, wie Gustav Heinemann formulierte, »ein kämpferischer sozialer Demokrat«, Parlamentarier der res publica aus Leib und Seele und auch Schriftsteller, ein homme de lettres, der französische Lyrik, der Baudelaire, Valéry und die Antimemoiren von André Malraux übersetzte.

Carlo Schmid war, wie Walter Jens formulierte, »in der Fülle seiner Erscheinung, seiner Ausdrucksweisen und Darbietungsformen ein shakespearescher Geist«.

Diese große Persönlichkeit zu ehren, auf die die deutsche Sozialdemokratie mit Stolz schauen kann, hat sich die Carlo-Schmid-Stiftung vorgenommen. Sie erinnert an das Lebenswerk von Carlo Schmid. Da Carlo Schmid uns heute, in einer Zeit, in der sich der alte Kontinent Europa eine neue Architektur gibt, in der sogar viele Industriekapitäne und Gewerkschaftsführer erkennen, daß Kunst und

Kultur notwendige Bedingungen für einen humanen Lebensalltag sind, noch viel zu sagen hätte, wollen wir seine Gedanken, Ideen und Visionen reflektieren und vor allem die Jungen, für die er sich immer engagiert hat, mit diesen Ideen bekannt machen – in der Hoffnung, daß sich diese Ideen entzünden und ein Engagement für eine vitale Demokratie entfachen.

Morgen wird zum fünftenmal der Carlo-Schmid-Preis verliehen, den die Carlo-Schmid-Stiftung an Personen, Gruppen oder Organisationen vergibt, die durch ihr Lebenswerk, Publikationen, Aktionen oder Handlungen einen Beitrag zur Erhaltung und Weiterentwicklung des demokratischen Rechtsstaates und der liberalen politischen Kultur sowie zur europäischen Verständigung im Sinne der liberal-humanistischen Tradition Carlo Schmids geleistet haben.

Den ersten Carlo-Schmid-Preis erhielt für seine kulturelle Versöhnungsarbeit der frühere Intendant des WDR und damalige Präsident des Goethe-Institutes, Klaus von Bismarck, der auch Präsident des Evangelischen Kirchentages war. Im Jahr nach der Wiedervereinigung bekam der brandenburgische Ministerpräsident Manfred Stolpe den Preis für seinen Beitrag bei der deutschen Vereinigung und seine Leistung bei der Aussöhnung mit Polen. 1993 wurde Daniel Goeudevert geehrt, der in Reims geboren wurde, in Paris Literaturwissenschaften studierte und dann in der Führung wichtiger europäischer Automobilunternehmen wie Citroën, Renault, Ford und VW tätig war. Ihm wurde der Preis verliehen, weil er mit seinem Selbstverständnis von einem gesellschaftlich und ethisch verantwortlichen Unternehmer einen wichtigen Beitrag zu einem »neuen Fortschritt« in Europa leistete. Den vierten Carlo-Schmid-Preis erhielt eine der couragiertesten und professionellsten Journalistinnen Europas, die mit ihrer Unabhängigkeit und ihrer Kompetenz Maßstäbe setzte, die Italienerin Lilly Gruber. Sie hat mit ihrer Arbeit klargemacht, daß Medienunternehmen zwar Anspruch auf eine Kapitalrendite haben können, nicht aber auf eine Meinungsrendite.

1996 wird der fünfte Carlo-Schmid-Preis an einen großen Europäer verliehen, an Jacques Delors, der am Zusammenwachsen Europas enorme Verdienste hat.

Mit diesen Preisverleihungen und mit einer gezielten Jugendarbeit will die Carlo-Schmid-Stiftung nicht nur das Lebenswerk Carlo Schmids wachhalten, sondern auch seinen Humanismus zum Maßstab für unsere gesellschaftliche Entwicklung machen. Carlo Schmid ist einer der Großen der Nachkriegsgeschichte. Seine führende Rolle im Parlamentarischen Rat, seine Staats- und Regierungsämter, sein Lebenswerk insgesamt werden anläßlich seines 100. Geburtstages vielfältig gewürdigt.

Carlo Schmid hat auf deutscher Seite großen Anteil am Zusammenwachsen Europas und an der Verbesserung des deutsch-französischen Verhältnisses. Auf dem schmalen Grat zwischen Traum und Realität, auf dem wir uns derzeit bewegen, könnte Carlo Schmid uns manchmal weiterhelfen.

Ich freue mich sehr, daß wir in sehr guter Zusammenarbeit mit dem Haus der Geschichte diese Tagung gestalten konnten. Interessante Gesprächspartner werden dafür Sorge tragen, daß nicht nur Carlo Schmids Politikerleben, sondern seine gesamte Lebensleistung gewürdigt wird.

Carlo Schmid im Parlamentarischen Rat

Wissenschaftliche Vorträge

Rudolf Morsey

Einführung

Zwei Zitate verdeutlichen, wie schwierig es ist, den Politiker Carlo
Schmid zu erfassen.

1983 schrieb der SPD-Politiker Norbert Gansel in einer Kurz-
biographie über Carlo Schmid: »An den großen alten Mann der Sozialdemokratie mußte nicht mehr erinnert werden, weil ihn niemand vergaß.« Es muß sich zeigen, ob diese Feststellung auch heute
noch gilt. Theodor Eschenburg hat das politische Wirken von Carlo
Schmid auf folgende prägnante Formel gebracht: »Viel wollte er,
mehr konnte er, wenig erreichte er.«

An das Leben von Carlo Schmid möchte ich an dieser Stelle nur mit
wenigen Daten erinnern. Seine verschiedenen politischen Ämter
sind so zahlreich, daß sie gar nicht alle aufgezählt werden können.
Der Jurist Carlo Schmid ist lange in Tübingen tätig gewesen. Die beiden prägenden Berliner Jahre am Kaiser-Wilhelm-Institut für aus-
ländisches öffentliches Recht und Völkerrecht 1927 bis 1929 haben
große Bedeutung für ihn gehabt. 1929 Habilitation in Tübingen, dort
verständlicherweise durch das »Dritte Reich« 16 Jahre lang Privatdozent geblieben, 1940 bis 1944 Kriegsverwaltungsrat in Lille,
1945 Berufung zum Professor, 1945/46 Regierungschef in Württemberg-Hohenzollern, zugleich betraut mit dem Kultus- und Justiz-
ressort, 1946 Ordinarius in Tübingen, ab 1953 in Frankfurt/Main;
1948/49 Mitglied des Parlamentarischen Rates, 1949 bis 1972 Mitglied des Deutschen Bundestages und – mit Ausnahme der drei Jahre
seiner Ministerzeit 1966 bis1969 – dessen Vizepräsident. Viele Jahre
lang war er Mitglied der Beratenden Versammlung des Europarates der WEU-Versammlung und nach seinem Ausscheiden aus der
aktiven Politik Koordinator für die deutsch-französischen Beziehungen.

Wilhelm Hennis

Carlo Schmid und die SPD

Als der Weimarer Reichstagsabgeordnete Fritz Ulrich, Carlo Schmid freundschaftlich verbunden, ihn auf dem ersten Landesparteitag Württemberg-Badens im Januar 1946 in die SPD aufnahm, verkündete er stolz: »... der so viel umworbene, geistreiche und hochbegabte Carlo Schmid ist einer der Unsrigen, ist Mitstreiter für den demokratischen und humanitären Sozialismus geworden.« Wenn wir uns heute an Carlo Schmid erinnern, so ist die Versuchung groß, es auf den Refrain zu bringen: »Carlo Schmid war einer der Unsrigen, war Mitstreiter für eine freiheitliche und demokratische deutsche Demokratie.« Ich meine, er wäre darüber nicht ganz glücklich. Wir sollten wirklich über ihn nachdenken.

Wie jeder nachdenkliche Mensch litt Schmid an der Zeit, in der er leben mußte. Er litt auch an seiner Partei, der er sicher loyal verbunden war, in einer kaum auflösbaren Verknäulung von Vernunft – er brauchte sie, um in der Politik wirken zu können –, Sentimentalität und unübersehbarer Distanz. Konnte auch die SPD ihn brauchen, so wie er war?

Aus seinen »Erinnerungen« schloß er sein »inneres Leben« aus. Hat er es in die SPD, ja mehr: in den politischen Betrieb, wie er sich in der Bundesrepublik seit den fünfziger Jahren entwickelte, einbringen können? Muß das der wirklich erfolgreiche Politiker nicht können? Muß er sich nicht mit Haut und Haaren der politischen Sache hingeben? Hat Carlo Schmid das gekonnt? Und wenn nicht, liegen da nicht die Ursachen für seinen – alles in allem – doch sehr begrenzten politischen Erfolg? Politiker werden nicht an ihrem Wert, sondern an ihrem Erfolg gemessen – was immer das sei, in jedem Fall aber Aufstieg in der Ämterleiter. Ich möchte das mir gestellte Thema jedoch nicht von seinem »Inneren«, sondern mehr von den äußeren Verhältnissen her angehen, in denen Carlo Schmid wirken mußte.

Welche Konstellationen ermöglichten einerseits den rasanten Aufstieg Schmids zum wohl bekanntesten und populärsten sozialdemokratischen Politiker Westdeutschlands in den vier Jahren von 1945 bis 1949? Schon im Juni 1947 wurde er, der völlige Außenseiter, auf dem Nürnberger Parteitag mit der dritthöchsten Stimmenzahl in den Parteivorstand der SPD gewählt. Woran lag es dann aber, daß es nach dem Zusammentritt des Bundestages im September 1949 und Schmids Wahl zum Vizepräsidenten mit ihm nicht weiterging, daß es trotz Ruhms, Beliebtheit, vieler schöner Ämter und Preise kein Vorwärts in der Politik für ihn mehr gab? Dabei sind mir die Begrenzungen Carlo Schmids durchaus bewußt. Aber, wenn ein André Malraux, der Carlo Schmid so geistesverwandte Repräsentant eines »tragischen Humanismus«, in diesen Tagen in das Pariser Pantheon überführt wurde, so kann es nicht an Schmids Person allein, sondern es muß an überpersönlichen Konstellationen liegen, wenn der nicht minder »geistreiche und hochbegabte« Schmid allenfalls eine Nische im kaum entwickelten Erinnerungsvermögen der großen wiedervereinten Nation rechts des Rheines findet. Das Haus der Geschichte ist ja noch kein deutsches Pantheon.

Ich erlaube mir drei Thesen als Versuch zur Erklärung von Carlo Schmids letztendlichem Scheitern in der großen deutschen Politik. Worauf ich hinweisen möchte, hat immer mit der SPD zu tun, auch wenn in der Gesamtkonstellation noch viele andere Kausalitäten mitgewirkt haben.

Die erste These: Carlo Schmid ist das erste große Opfer der Entwicklung unserer realen Verfassung von einer »parlamentarischen Demokratie« – in der natürlich die Koalitionsparteien eine bedeutende Rolle spielen – hin zu einem radikal polarisierten »Parteienstaat«, in dem Machterhaltung oder Machterwerb zum einzigen Imperativ der parlamentarischen Politik geworden sind. In ihm gab es keinen Platz für die Entfaltung der spezifischen Fähigkeiten Carlo Schmids, Fähigkeiten, auf die auch der polarisierte Parteienstaat nicht verzichten sollte.

Die zweite These: Lange bevor Deutschland, die verspätete Nation, sich demokratisch legitimieren konnte, verstand es sich als Kulturnation. Um meine These in der Sprache der Medienpolitik auszudrücken: der Politiker Carlo Schmid ist die erste und vermutlich einzige prominente Persönlichkeit aus der politischen Führungsschicht der Nachkriegszeit, die auf dem Altar des »erweiterten Kulturbegriffs« geopfert wurde. Carlo Schmids Kulturbegriff war ganz und radikal der alte, der Nietzsches: »die Kultur das Kind der Selbsterkenntnis jedes Einzelnen und des Ungenügens an sich«. Er hängte sein Herz an die ganz Großen unserer abendländischen Kultur: Platon, Dante, Michelangelo. Nietzsche: »Nur der, welcher sein Herz an irgendeinen großen Menschen gehängt hat, empfängt damit die erste Weihe der Kultur.« Carlo Schmid hat diese Weihen gewiß empfangen. In allem stand er quer zur kulturellen Entwicklung Westdeutschlands, die es kaum noch zuläßt, die Bundesrepublik als Kulturstaat sui generis in der Differenz etwa zur großen politischen Zivilisation Amerikas zu verstehen – und dies hat viel mit der SPD und ihren gedanklichen Hintergründen zu tun.

Drittens: Für Schmid war kein Platz in der großen Politik, als nicht mehr Staat und Nation, sondern die Ökonomie und fast nur noch die Ökonomie die Agenden der Politik, der innerdeutschen, aber auch der ihm so sehr am Herzen liegenden europäischen Politik, bestimmten.

Aufstieg aus der Provinz – Schmids erfolgreiches Wirken in Württemberg und im Parlamentarischen Rat

Aber zunächst zur Kehrseite: den Bedingungen für seinen so erstaunlichen Aufstieg aus der Tübinger Provinz. Nichts von dem, was ihn später hemmte, stand ihm im Wege – im Gegenteil. Er war kein Seiteneinsteiger, er war ein Obeneinsteiger. Er war schon Landesvorsitzender der SPD in Württemberg-Hohenzollern, bevor er der Partei beigetreten war. In Tübingen war er, der stadt- und universitätsbekannt nun eine wirklich blütenweiße Weste hatte, die selbstverständliche Autorität, um die sich alle scharten, die mit ihm am Aufbau mitwirken wollten. Selten haben sich der Persönlichkeit so viele Chancen zur Entfaltung geboten wie in der ersten Nachkriegszeit. Schmid, Adenauer, Schumacher in der Politik; in der Wirtschaft, im Theater und im Musikleben war es nicht anders. Der Zufall wollte es, daß die kleine Universitätsstadt auch gleich eine der elf Landeshauptstädte Westdeutschlands wurde. Was für ein Rhodos, um zu zeigen, was man konnte, er konnte gestalten wie nie wieder. Er hatte Möglichkeiten zur Patronage, er konnte sich die jungen Landräte und Mitarbeiter in der Landesverwaltung aussuchen. Er war der Patron. Er verstand sich allem Geunke zum Trotz aufs Administrieren. Durch vorzügliche Berufungen konnte man aus der schwäbischen Provinzuniversität etwas ganz Besonderes machen, der Stadt ein Theater geben, das Leibniz-Kolleg gründen, im Jugendsozialwerk gab er jungen HJ- und BDM-Führern eine Chance zur Mitarbeit an der neuen Demokratie.

Über sich hatte er nur die Franzosen, die ihn bald als klugen und verläßlichen Mann schätzten, fast einer der Ihren und doch ein hartnäckiger deutscher Patriot. Eine Traditionsmannschaft der alten SPD, die seinem Aufstieg hätte ein Bein stellen können, gab es in Südwürttemberg, einem Land von Bauern und Handwerkern, nicht. Hannover war weit entfernt, und mit Gebhard Müller ließ sich zusammenkramen, auch als die CDU aus den ersten Wahlen als weitaus stärkere Partei hervorging. Da die Besatzungsmächte bis in die Zeit des Parlamentarischen Rates hinein lieber mit den durch eine Wahl legitimierten Repräsentanten der Landesregierungen als mit den Vertretern der Parteien zusammenarbeiteten, war Schmid – erst als Landesdirektor, dann als stellvertretender Staatspräsident Württemberg-Hohenzollerns, in dem er gerne »sein Geschöpf« sah – ein privilegierter Partner der Besatzungsmächte. Die Münchener Ministerpräsidentenkonferenz vom Juni 1947, auch wenn sie scheiterte, war für Schmid ein Sprungbrett in die Höhen gesamtdeutscher Publizität, er wurde zum Liebling der Journalisten, Star der Konferenz.

Er nützte die Münchener Konferenz zur wirkungsvollen Präsentation des Themas, mit dem er für die nächsten Jahre die Diskussion um das weitere Schicksal des geschlagenen und zerteilten Vaterlandes bestimmte: wie konnte die Besatzungsherrschaft in Formen des Rechts überführt werden, was mußte bei der Verfassungsdiskussion bedacht werden, um eine zukünftige Wiederherstellung der staatlichen Einheit nicht zu verbauen? Carlo Schmid ganz persönlich, nicht die Partei, der er sich angeschlossen hatte, bestimmte den Gang dieser Diskussion mit weitreichenden Folgen bis in das Jahr 1990 hinein. Er entdeckte den Hebel, über den eine Stufe für die Herausarbeitung aus der Besatzungsunfreiheit erreicht werden konnte: ein Besatzungsstatut, in dem die Sieger sich selbst in ihren Prärogativen banden. Er konnte die Erfahrung seiner juristischen Lehrzeit im Berliner Kaiser-Wilhelm-Institut für internationales Recht in einzigartiger Weise nutzen, um die Frage zu klären, wie über das Völkerrecht einem besiegten Volk ein Spielraum eigener Gestaltung zurückgegeben werden konnte. Er, dem die römische Toga gut gestanden hätte, konnte unter den Provinzbedingungen Schwabens seine Fähigkeit zum Gesetzgeber, zum Legislateur probieren: Die Fehler der Weimarer Verfassung wurden an den von ihm in den entscheidenden Punkten gestalteten Verfassungen von Württemberg-Baden und Württemberg-Hohenzollern korrigiert. Kraft seiner Persönlichkeit, seiner Formulierungskunst und seiner Überzeugungskraft, dank seiner brillanten Kenntnisse wurde er von Schumacher als Sprecher der SPD in Verfassungsfragen akzeptiert, er wurde ihr Fraktionsvorsitzender im Herrenchiemseer Verfassungskonvent, seine Delegierung in den Parlamentarischen Rat verdankte er keiner Fürsprache aus Hannover, sondern einem fraktionsübergreifenden Beschluß des Landtages in Bebenhausen. Daß er im Parlamentarischen Rat die Nummer eins der SPD war, Vorsitzender ihrer Fraktion und des Hauptausschusses, war die Folge der gewonnenen Statur; bis zu diesem Punkt war er keine Nummer auf einem Parteiticket. Rückblickend erkannte er es als unverzeihlichen Fehler, Adenauer das Amt des Präsidenten des Parlamentarischen Rats überlassen zu haben. Hätte die SPD es für Schmid gefordert, hätte man es ihr kaum versagen können, die Öffentlichkeit und wohl auch die Ministerpräsidenten der Länder hätten ihn Adenauer vorgezogen, alles hätte einen anderen Lauf nehmen können. Über Gut und Böse ist hier nicht zu richten, jedenfalls aber wäre die Entwicklung der parlamentarischen Regierungsweise anders verlaufen, der Kurs auf den polarisierten Parteienstaat verzögert worden. Jedoch schon mit seinem Eintreten für eine Senatslösung für die 2. Kammer hatte Schmid sich nicht durchgesetzt, die parteienstaatlichen, nicht wirklich föderalistischen Auswirkungen der Bundesratslösung hat er klar vorhergesehen.

Seine glänzende Bewährung als politisch denkender Jurist hatte ihm geholfen, sein Ruf als hochgebildeter Mann stand seinem Aufstieg nicht im Wege. Sein 1947 veröffentlichtes »Römisches Tagebuch«, ein Dokument des »Dritten Humanismus« und der Geisteswelt Stefan Georges, schon fünf Jahre später sicher eine schwere »schöngeistige« Belastung für eine politische Karriere, wies ihn als sprachmächtigen Schriftsteller aus – die ersten Nachkriegsjahre dürsteten nach Geist, und wenn sich der mit Sinn für Macht und Repräsentation verband, um so besser. Aber der Abgeordnete und Baudelaire-Übersetzer Keetenheuve in Wolfgang Koeppens »Treibhaus« von 1953, der sicher viele Züge Schmids trägt, wird schon als Gescheiterter porträtiert. Programmatisch legte sich Schmid bis 1949 sowenig wie möglich fest, Programmatisches hat ihn – es sei

denn als Regierungsprogramm – nie sonderlich interessiert. Die
erste Aufsatzsammlung von 1946 hatte den Titel »Die Forderung
des Tages«. Der suchte er zu entsprechen, und es wurde ihm hono-
riert. Daß er ein hartnäckiger, unnachgiebiger Politiker dort sein
konnte, wo er meinte, daß es sein müsse, bewies er im Kampf um
den »fragmentarischen«, »provisorischen« Charakter des Grundgesetzes. In bitteren Kämpfen mußte er diese Position gegen die
Landesfürsten der SPD durchsetzen, die auf eine schnelle Bildung
eines westdeutschen Kernstaates drangen. Wie wir heute wissen,
hat er die Bedeutung des Völkerrechts nicht überschätzt. Sein Verdienst daran, daß die alte Bundesrepublik bis an ihr Ende mit dem,
was Willy Brandt ihre »Lebenslüge« nannte, hat leben müssen, ist
kaum zu überschätzen. Wieviel schwerer hätte sich die Wiedervereinigung deichseln lassen, wenn er nicht so eisern auf Präambel,
Art. 146 und als Korrelat Art. 23 bestanden hätte. Seine Verdienste
sind gar nicht hoch genug einzuschätzen.

Bundesrepublikanischer Neuanfang –
Das Scheitern Schmids im Parteienstaat

Aber dann der bundesrepublikanische Neuanfang in Bonn. Natürlich hatte er auf eine große Koalition gesetzt. Ein bedeutendes Mi-
nisteramt war ihm sicher, sollte die SPD als stärkste Partei abschnei-
den, vielleicht noch mehr. Adenauer und Schumacher, jeder auf
seine Weise und mit seinen Absichten, machten das zunichte. Eine
große Koalition war für beide das denkbar größte Übel. Gewiß, er
wurde erster Vizepräsident des deutschen Bundestages, hatte große
Verdienste um die Entwicklung des parlamentarischen Lebens,
wurde Vorsitzender des Auswärtigen Ausschusses, aber wie viele
Kröten mußte er schlucken. Er hatte großen Respekt, wohl sogar
Verehrung für Schumachers Person – wer konnte sie ihm verwei-
gern –, aber sowohl der Kurs, den er der Partei verschrieb, wie auch
die Art seiner Opposition, seine intransigente Kompromißunfähig-
keit, sein schneidender sarkastischer Kommandoton, lagen ihm
nicht – damit konnte man sich keine Freunde machen. Das letzte
Wort zum Verhältnis Schumacher – Schmid steht nicht in Petra Webers Biographie, es ist vorerst wohl nicht zu schreiben. Der Verfas-
ser begann seine Jahre als Frankfurter Assistent Carlo Schmids am
1. März 1953, 14 Tage nach der entsetzlichen Stuttgarter Tonband-

affäre, im absoluten Tief und am Beinahe-Endpunkt von Schmids Karriere als SPD-Politiker. Diese Entgleisung Schmids war sicher nicht das Ergebnis nur einer Grippe und einiger Gläser Whiskys zuviel, sondern Ausdruck tiefster Frustration. Dieser Mann war ausgelaugt, die Frankfurter Professur war ihm ein Refugium, ein Labsal, aber er konnte von der Politik nicht mehr lassen. Und er setzte ja außerhalb der Partei und über ihre Köpfe hinweg auch viel in Bewegung: Europa, Israel, Polen. Sein Ansehen in der Öffentlichkeit war ungebrochen. Die Traditionspartei hingegen entwickelte sich nach Schumachers Tod im August 1952 und in den Jahren der Opposition unter Ollenhauer und Mellies zum unbeweglichen, selbstzufriedenen Betonklotz. Schuld an den Wahldesastern von '53 und '57 hatten immer andere. Erst nach der Katastrophe von 1957 bewegte sich die Partei langsam: 1959 Godesberg, ohne sonderliche Mitwirkung Schmids, dann 1960 Hannover, der Durchbruch zur offenen linken Volkspartei. Aber nicht er, Willy Brandt wird Kanzlerkandidat. Carlo Schmid verkündet die Hannoveraner Erklärung, er hat die Partei, wie er in einem Brief schreibt, da, wo er sie haben will – als Volkspartei, auf dem richtigen Kurs in der Europa- und Deutschlandpolitik. Aber nun ist es für ihn zu spät, in der Großen Koalition langt es gerade zum Bundesratsminister, wo er doch für ganz andere Aufgaben, als Beauftragter für alle den Bund angehenden kulturellen Fragen etwa im Range eines Bundesministers mit Kabinettsrang, hätte zur Verfügung stehen können. Die verfassungsrechtliche Absicherung für eine solche Aufgabe hatte er sich über die amerikanische Theorie der *implied powers* schon ausgedacht. In das Kabinett Brandt-Scheel nach 1969 wird er nicht mehr berufen. Gerne hätte er aus dem Wissenschaftsministerium ein Bildungsministerium gemacht, aber er hatte nicht darum gekämpft, von sich aus verzichtet, und so wird der farblose Bodenmechaniker Leussink Minister, in allem das genaue Gegenteil von Schmids Vorstellung für das Amt eines für Wissenschaft und Forschung zuständigen Ministers.

Seit 1967 beginnt die Partei, nach links abzudriften. Die Große Koalition wird als Verrat an heiligsten Gütern des Parlamentarismus verstanden. Die Jusos denunzieren die »Volkspartei-Ideologie«. Auf dem Parteitag in Saarbrücken 1970 beginnt der Marsch durch die Institutionen, und die Enkel proben den Aufstand. Als Spielwiese dürfen sie ein Langzeitprogramm konzipieren. Carlo Schmid verfolgt das mit Erbitterung, zu sagen hat er nichts mehr.

Keine Lobby für die Kultur –
Schmids Scheitern als Bildungspolitiker in der SPD

Carlo Schmid – Repräsentant der SPD für Bildung, Kultur, »Geistiges«? So sah man es von außen, und er ließ es gelten, tat nichts, dieses Bild zu stören. Gewiß, die Verfassungspolitik, dann die Außenpolitik nahmen ihn voll in Anspruch. Aber gereizt, sein Inneres in Anspruch nehmend, hätte ihn immer die Bildungspolitik. Doch da war er nun wirklich auf dem falschen Dampfer – oder richtiger: der Schiffsverkehr war mangels Interesses eingestellt. Nicht, daß Schmid seine bildungspolitischen Vorstellungen in irgendeiner anderen Partei hätte realisieren können, sicher nicht. Aber in der SPD gab es schlicht keine Anknüpfungspunkte für ihn, der letztlich ja doch ein wirklicher Humanist, ein exaltierter Vergötterer der Antike, kein Humanist im Sinne allgemeiner Menschenfreundlichkeit war. Er konnte einen gebildeten Menschen, und das schloß Herzensbildung mit ein, von Canaillen, Banausen und Primitivlingen unterscheiden. In den ersten Jahren glaubte er wohl noch an eine Kulturpolitik der SPD. Auf der kulturpolitischen Konferenz in Ziegenhain im Sommer 1947 war er der bewunderte Mittelpunkt, mißtrauisch verfolgt von Schumacher, der wohl zu Recht fürchtete, Schmid könne über die Kulturpolitik einen Hebel zur Programmerneuerung ansetzen. Die Sozialpolitik war wichtiger, nie spielte die Kulturpolitik in der SPD die mindeste Rolle, erst unter technokratischen und »gesellschaftskritischen« Vorzeichen wurde sie in den siebziger Jahren parteifähig. Von einem Sozialismus als Kulturbewegung – Proudhon war für Schmid wichtiger als Marx – waren in der SPD nach 1945 nur noch Spurenelemente vorhanden, die Reste sammelten sich eher im Gewerkschaftsbund, ich erinnere an Recklinghausen. Aber auch an eine vom Staat, nicht von der Partei ausgehende Kulturpolitik – ich erinnere an die Reichsschulkonferenz und an die Hochschulpolitik Preußens, repräsentiert durch Carl Heinrich Becker – konnte nach der Liquidierung Preußens nicht mehr angeknüpft werden. Adolf Grimme, Nachfolger Beckers, war kurze Zeit niedersächsischer Kultusminister, vom Hannoveraner Ministerium gingen noch einige Ströme in die Kulturpolitik der Jahre nach 1945. Aber auch einen Grimme zog es bald auf die für einen Kulturpolitiker interessantere Position des Generaldirektors des NWDR – damals noch die Anstalt für die ganze britische Zone, dem Vorbild der BBC verpflichtet. Schmid war einige Jahre Mitglied

des Fernsehrates des ZDF. Er hatte das Glück, nur die Anfänge der
Niveausenkung auch des öffentlich-rechtlichen Fernsehens im Namen eines »erweiterten Kulturbegriffs« zu erleben. Gekämpft hat
er für seine Vorstellungen von Bildung, Erziehung, Wissenschafts-
organisation öffentlich nie – es wäre auch aussichtslos gewesen; die
Sitzungen in den Parteigremien, wo er den Mund hätte aufmachen
müssen, schwänzte er allzuoft. Groß bauen konnte man auf ihn
leider nicht, nur wo er persönlich angegriffen wurde, wie im Frankfurter Hörsaal, wo er doch seinen Amtspflichten als Professor nach-
kam, zeigte er Mut und Standfestigkeit. Im Vorwort zu seinen Erinnerungen steht ein Satz, der sein Zeitempfinden exemplarisch
formuliert: »Vielleicht auch könnte es für manchen interessant sein
zu erfahren, woran ein aufmerksamer Beobachter zu erkennen
glaubte, daß sich unser Bewußtsein von dem, was uns Menschen
ausmacht, und dem, was uns das Leben wert macht, in einigen Jahr-
zehnten mehr verändert hat als zuvor in Generationen.« Was uns
Menschen ausmacht, was uns das Leben wert macht! Carlo Schmid
war wirklich kein Mucker, er war ein Augen- und Sinnenmensch,
er wußte zu genießen. Aber das, was die SPD Willy Brandts als mehr
»Lebensqualität« anpries, in Hannover 1960 gleich die Verdoppe-
lung des Lebensstandards in einer Generation, hatte mit seiner
Wertordnung nichts zu tun. Das war eine Rangordnung von Werten
und Würdigkeiten, absolut nicht quantifizierbar. Die Gaben, die die
Wundertüte der modernen Technik bereithält, interessierten ihn
nicht sonderlich. Als alter Mann machte er noch den Führerschein,
aber schon bei der ersten Ausfahrt baute er einen Unfall. Von weiteren Fahrversuchen sah er dann lieber ab. Wenn die neuere Entwicklung des geistigen Deutschlands dafür gelobt wird, daß wir
nun endlich den Anschluß an den Westen gefunden hätten, die Ent-
gegensetzung von Kultur und Zivilisation, von Politik und Kultur
überwunden sei, so hätte Schmid seine Vorbehalte wohl für sich
behalten. Seine geistige Welt endete an den Säulen des Herkules.
Für ihn stand die Politik im Dienst der Kultur. Er war ein Europäer.
Amerika brauchte man, aber das war ein Verhältnis wechselseiti-
ger Utilität, für die Sicherheitspolitik von Bedeutung. Mit George
Kennan verband ihn die Sorge um die Zukunft der geistigen Grundlagen der uns gemeinsamen Zivilisation, den amerikanischen Berufs-
optimismus der jüngeren Politikergeneration hätte er mit Nietzsche
sicher als »ruchlos« angesehen. Schon die Jung-Kennedy-Allüren
Willy Brandts waren nicht nach seinem Sinn.

Der deutsche Patriot – Schmids Scheitern
am modernen Primat der Ökonomie

Und damit zum letzten: Staat und Nation. Daß deutsche Sozialdemokraten nie wieder als »vaterlandslose Gesellen« angesehen werden dürfen, war fast eine Obsession Kurt Schumachers, so überbot
er sich im Eintreten für die Interessen der Nation. Das ergreifende
Trauerdefilee nach seinem Tod – Hunderttausende erwiesen ihm
die Ehre auf dem Weg von Bonn nach Hannover – zeigte, daß das
deutsche Volk ihn verstanden hatte und ihm zu danken wußte. Für
Schmid war die Begegnung mit Hermann Heller entscheidend für
das neu zu gewinnende Verständnis des Verhältnisses von Sozialismus und Nation. Auf Carlo Schmid geht der so wichtige – wie zu hof-
fen ist, durch das BVG in seinem Sinn nicht beeinträchtigte – Art. 24
des Grundgesetzes zurück: der Bund kann Hoheitsrechte übertragen. Der in seiner undurchdringbaren Souveränität nach innen
und außen überholte Nationalstaat konnte und sollte nicht länger
Modell der Staatlichkeit sein. Aber zum Vaterland wurde Europa
deshalb nicht. Ganz fest kreiste Schmids Denken um des Deutschen
Vaterland, für das allein wir als Bürger direkte Verantwortung tragen können. Um diese Bürde der Verantwortung, diese Inpflicht-
nahme, aus der wir nicht entlassen werden dürfen, ging es ihm ganz
wesentlich. Seinen Erinnerungen setzte er als Motto ein Fragment
des späten Hölderlin voraus: »Verbotene Frucht wie der Lorbeer –
Ist am meisten das Vaterland – Die aber kost' ein jeder zuletzt.«
Schmids deutscher Patriotismus war durch die Denkweise des französischen Mutterlandes gewissermaßen in Form gebracht: Die Zu-
stimmung zum Vaterland ist nicht eine durch Blut- und Bodensub-
stanz bestimmte. Sie ist ein *plebiscite de tous les jours,* immer neu
zu aktivieren, vor Augen zu rücken, in Symbolen und Repräsentation lebendig zu machen. Er hatte damit nicht die geringsten Probleme. Mit dem Internationalismus der alten Arbeiterbewegung
hatte er sicher nichts im Sinn gehabt, und ein Kosmopolit – eigentlich das Gegenstück eines politischen Menschen – war er auch nicht.
Er konnte sich sein Vaterland nicht aussuchen, wie jedes hatte es
große und weniger große Tage gehabt, darunter auch schändliche.
Ich glaube, mehr als die Unfähigkeit zu trauern hat ihn die Unfähigkeit zu Ergriffenheit, zu Hingabe und Begeisterung bedrückt, von
der seine deutschen Landsleute, fixiert auf ökonomische Verbes-
serungen, seit den fünfziger Jahren befallen wurden. Es hätte ihn

traurig und zornig gemacht, wie wenig das Glück der möglich
gewordenen Wiedervereinigung uns innerlich bewegt hat. Ökono-
misches hat ihn nie groß interessiert. Daß der Mensch arbeiten,
wirtschaften und vor allem haushalten muß, das war seinem schwäbischen Gemüt selbstverständlich. Es zur Mitte des Denkens zu machen, hat er sich wohl kaum vorstellen können, und wenn, so hätte
er es mit den Worten des geliebten Hölderlin verworfen. Er hat es
wohl manchmal so empfunden, wie Hyperion dem Bellarmin über
die Deutschen schreibt:»Ich sage Dir: es ist nichts Heiliges, was
nicht entheiligt, nicht zum ärmlich Behelf herabgewürdigt ist bei
diesem Volk, und was selbst unter Wilden göttlichrein sich meist
erhält, das Treiben dieser allberechnenden Barbaren, wie man so
ein Handwerk treibt, und können es nicht anders, denn wo einmal
ein menschlich Wesen abgerichtet ist, da dient es seinem Zweck, da
sucht es seinen Nutzen, es schwärmt nicht mehr, bewahre Gott!
… wenn selbst die Raupe sich beflügelt und die Biene schwärmt, so
bleibt der Deutsche doch in seinem Fach und kümmert sich nicht
viel ums Wetter.«

Nichts fürchtete der im politischen Geschirr alt gewordene Carlo
Schmid mehr als die Verdrossenheit, die die Politik als Beruf so oft
nach sich zieht. Wenn wir ihm nachdenken, so sollten wir nicht vergessen, daß in seinem Innern eine unbändige Kraft zur Begeisterung, zu wahrem Enthusiasmus lebte. War er vielleicht doch ein
Sozialist?

Otto Borst

Carlo Schmid, der Föderalismus und die Bundesrepublik Deutschland

Welche Bedeutung Carlo Schmid für die Entstehung der Bundesrepublik Deutschland zukommt, entnehmen wir Gerhard Hirschers Hinweis auf ein Statement, das am 28. Mai 1947 im Büro für Friedensfragen in Stuttgart zum ersten Mal vorgelegt wurde: »Die Bezeichnung Deutsche Bundesrepublik für den zu schaffenden deutschen Staat wurde übrigens aufgrund eines Vorschlages von Carlo Schmid in diesen Entwurf aufgenommen.« Fügt man hinzu, daß der Terminus »Grundgesetz« in Carlo Schmids Nähe aufkam, ist zu ermessen, welche Rolle ihm in der Gründungsphase der Bundesrepublik zufiel. Die Vermutung liegt nahe, daß Carlo Schmid, der an der Universität vor und nach 1939 Staats- und Völkerrecht lehrte, das Grundgesetz in einem Senkrechtstart zuwege gebracht hätte, sozusagen in zwei Semestern Bonn. Als Carlo Schmid zum Verfassungskonvent in Herrenchiemsee eintraf, trat er jedoch nicht als großartiger Verfassungskonstrukteur an – er hatte ja schon eine Verfassung in Stuttgart und eine in Tübingen ausgearbeitet, vorgelegt und annehmen lassen –, sondern als jemand, der die Lehrkanzel mit dem mühsamen Verhandlungstisch getauscht hatte.

Schmid kannte sehr wohl die heimatlichen Gefühle, die der Kleinstaat vermitteln kann. In der Präambel des neuen Bundeslandes Württemberg-Baden hieß es, daß das »württembergisch-badische Volk sich diese Verfassung« gegeben habe. Ob es dieses Volk nach Ablauf weniger Monate schon gab, ist zu bezweifeln. Realistischer war es, der alt-württembergischen Tradition zu folgen und ein württembergisches Nationalgefühl wieder aufleben zu lassen. Carlo Schmid begann damit noch im Herbst 1945, als er ex officio eine erste Ansprache an die Landräte der französisch besetzten Zone Württembergs und Hohenzollerns mit einem Bekenntnis zum ungeteilten Land Württemberg und mit dem alten Württemberger Gruß schloß. Trotz aller Not und trotz aller Provisorien dieser Zeit sagte

er: »Einmal werden wir den Tag erleben, an dem wir uns leichten
Fußes und hellen Angesichtes auf den Weg machen werden, an dem
sich nicht mehr nur die Landräte einer Zone am selben Ort zusammensetzen, sondern die Landräte des ganzen, nicht mehr in Zonen
zerlegten Württembergs, gerufen von der einen und einzigen Regierung des Landes. Möchte dieser Tag bald kommen! Viel gut Württemberg alle Wege!«

So redete keiner, der in kleinen Ländern nur Partikel eines zen-
tralistischen Großstaates sah, dem Unitarismus wichtiger war als
die Landesteile. Wie sehr ein solcher Teil seine ganze Sympathie
haben konnte, verrät sein Lob Oberschwabens. Am 27. April 1946
wurde auf Schloß Aulendorf die »Gesellschaft Oberschwaben« gegründet. Carlo Schmid, der damalige Präsident des Staatssekreta-
riates für das französisch besetzte Gebiet Württembergs und Hohenzollerns, hielt die Festrede. Das Ergebnis ahnten Insider wohl
schon voraus: Oberschwaben als Kunstwerk in Taschenformat, als
eigenständiger Kulturraum, als Gefäß besonderen Geistes, herzhaf-
ter Mimik, köstlicher Architektur und als Heimat großer Geister
wie Christoph Martin Wieland, der wohl als einziger der Weimarer
versuchte, Geist und Macht miteinander zu versöhnen. Bei Carlo
Schmid als Liebhaber und Kenner des Kleinstaates und der Region
hatte der anonyme Großstaat, der jede Sonderregelung unterdrückt,
keinen Platz.

Es gibt für Kleinstaaten jedoch ein Limit der Lebensfähigkeit.
Carlo Schmid war dies bewußt. Als im Verfassungskonvent von
Herrenchiemsee die Länderbildung im deutschen Südwesten be-
sprochen wurde – alle Ministerpräsidenten opponierten verständlicherweise –, sorgte Schmid wieder einmal für Niveau und eine
wohltuend sachliche Atmosphäre. Sein Land war zu klein für eine
»souveräne Sonderexistenz«, und zu dem anwesenden Länderchef
von Südbaden, Leo Wohleb, dem badischen Schrecken aller Baden-
Württemberger, gewandt, meinte er: »Ihr Land, Herr Professor
Wohleb, ist auch zu klein.«

Partikularismus lehnte Carlo Schmid rigoros ab. Drei Jahre nach
der Kapitulation, im Mai 1948, waren die verschiedenen Formen
und Nuancen des Separatismus in Süddeutschland zu übersehen.
Carlo Schmid, damals als Staatsrat noch Stellvertreter des Staatspräsidenten und Justizminister in Süd-Württemberg-Hohenzollern,
goß in einer glänzenden Attacke ganze Kübel von Spott auf die
Pfälzer, die Süd-Badener und die Bayern – die Käuze vom Bodensee,

wie er sie nannte – aus, die sich anschickten, einen katholischen
Staat um den See herum zu schaffen. Es könne als sicher gelten, daß
sich heute niemand mehr in Freiburg und im Breisgau finde, der
sich gegen die Vereinigung Württembergs und Badens sperre. Man
dürfe nicht übersehen, daß auch die liberalen und sozialistischen
Parteien in Süddeutschland dem Zentralismus abhold seien. Doch
meinten sie, wenn sie von föderativem Aufbau der deutschen Republik sprächen, im wesentlichen die Dezentralisierung der Ver-
waltung. Carlo Schmid schloß diesen galligen Überblick mit einer
für uns heute überraschenden Wendung: »Welcher Mann, der sich
achtet, sollte heute auf die Ehre verzichten wollen, sich zur deutschen Gemeinschaft bekennen zu dürfen, ohne die dem künftigen
konstitutionell geeinten Europa, das wir ersehnen, das gesunde
Fundament fehlen müßte?«

Schmid trat für einen sehr maßvollen Föderalismus ein. Als er
anläßlich der Gründung der SPD in Süd-Württemberg in Reutlingen am 10. Februar 1946 eine Gundsatzrede hielt, berührte er
das Föderalismusproblem in programmatischer Form, wie es später beim Verfassungskonvent und in den Grundgesetzdiskussionen
nicht mehr geschah. Er schrieb: »Der Aufbau eines neuen Europa
kann nur auf dem Weg der Konföderation geschehen. Vielleicht
kann der Wille hierzu gefördert werden, wenn das deutsche Volk
selbst seine politische Einheit auf der Grundlage des Föderalismus
findet, wenn es seine natürliche Einheit als Volk rechtlich in einem
Gebilde darstellt, das allen Gliedern die gewachsenen und lieben
Besonderheiten läßt, und doch dort, wo es nötig ist, als Einheit zu
handeln dies gestattet. Schauen wir nach Süden. Nur wenige Kilo-
meter von hier liegt die Schweiz im Frieden ihrer Berge. Kraftvoll
und stolz seit Jahrhunderten, eidgenössisch konföderiert und politisch und staatlich so einig, wie nirgendwo zentralistische Staaten
es sind. Sollte das, was den Schweizern so gut bekommen ist, für
uns Deutsche ein Schaden sein? Sollten wir nicht auf unsere Weise
auch Eidgenossen werden können? Der Berliner Zentralismus hat
uns Deutschen nicht wohlgetan. Er darf nicht wiederkommen, und
vielleicht wird einmal darüber gesprochen werden müssen, ob Berlin noch einmal die Hauptstadt eines neuen Deutschland sein kann
und dafür in Betracht kommt. Mir persönlich liegt es zu nahe bei
Potsdam. In diesen Dingen weiß ich mich mit vielen unserer Freunde
in Norddeutschland und im Grundsatz auch mit dem bayerischen
Ministerpräsidenten, dem Genossen Hoegner, einig. Gesunde und

kräftige deutsche Länder sollen sich einmal, wenn die Sieger dieses Krieges, die heute die Herren unseres Geschickes sind, uns dies erlauben werden, zusammenschließen zu einem neuen deutschen Bundesstaat. Dessen Spitze soll aber nicht mehr übertragen werden, als für die Bewältigung der gemeinsamen Aufgaben unabdingbar notwendig ist. Daß man auch so ein gesundes Staatswesen sein kann, zeigt uns wiederum die Schweiz.«

»Föderalismus ohne Postkutschenromantik« formulierte es Carlo Schmid in der Deutschen Korrespondenz vom 4. März 1967. Noch einmal zeigte er sich in Föderationsfragen als ausgeglichener und ausgleichender Ratgeber. »Charakterzüge«, schrieb er, »des deutschen Bundesstaates werden dort sichtbar, wo die Länder der Bundesrepublik angesprochen werden.« Sie seien eigenständig und wirkten als autonome Körperschaften mit eigenem politischem und staatlichem Charakter. In praxi erscheine das Verfahren denkbar einfach: »In der Bundesrepublik hat der Bund sich so zu verhalten, daß den Ländern ihr Recht auf ihr eigenes Leben im Verbande gewährleistet bleibt. Andererseits müssen sich die Länder so verhalten, daß der Bund die ihm obliegenden Aufgaben erfüllen kann.«

Nach Herrenchiemsee sprach man von Carlo Schmid als dem intelligentesten, einfallsreichsten und interessantesten Teilnehmer. Wollten Presse oder Funk berichten, wandten sich die Reporter an ihn. Er war der Wortführer, der führende Kopf. Die Protokollbände belegen es auf fast jeder Seite. Sie machen auch deutlich, daß das Föderalismusproblem für Carlo Schmid nicht den Hauptgegenstand in diesen Gremien darstellte. Es war im Prinzip bereits vor den entscheidenden Sitzungen in Herrenchiemsee geklärt worden. Hauptproblem für ihn war die Provisoriumstheorie. Sie mündete in einen Weg, der nicht ohne Tragik war.

Nicht ohne Tragik war auch seine Bilanz nach viereinhalb Jahren Grundgesetz im Januar 1954. Das Grundgesetz habe seine Aufgabe erfüllt. Nur in drei Dingen sei er nicht zufrieden: mit den inneren Arbeitszuweisungen des Bundesverfassungsgerichtes, mit der Zwitterlösung auf dem Gebiet der Bundesfinanzen und schließlich mit dem »Kultusföderalismus«. Durch die Versagung fast aller kulturpolitischen Kompetenzen für den Bund seien, wie er meinte, unhaltbare Zustände geschaffen.

Petra Weber

Carlo Schmid und
die Deutschland- und Ostpolitik

»Es ist nicht not, eine Hoffnung zu haben, um ans Werk zu gehen, es ist nicht not, Erfolg zu haben, um am Werk zu bleiben.« Oft und emphatisch zitierte Carlo Schmid diesen Wahlspruch Wilhelm von Oraniens, den er zur Maxime seines eigenen politischen Handelns gemacht hatte. Ein anderer seiner Wahlsprüche war eine Antwort auf das Bismarck zugesprochene Wort von der Politik als der »Kunst des Möglichen«: Er bezeichnete sie als »die Kunst, das Notwendige möglich zu machen«.

Das »Staatsfragment« –
Perspektive deutscher Wiedervereinigung

Das Notwendige, für das Schmid sich mit ganzer Kraft einsetzen wollte, war die deutsche Einheit, die Befreiung der Menschen im Osten Deutschlands, die unter der Unterdrückung durch die sowjetische Besatzungsmacht und deren Kollaborateure in der SED litten. Bereits in der ersten Hälfte der vierziger Jahre, als er mit Helmuth James Graf von Moltke Pläne für die Neuorganisation Europas diskutierte, war Schmid zu der Einsicht gelangt, daß die deutsche Einheit die Aussöhnung mit den europäischen Nachbarn, insbesondere mit Frankreich und Polen, voraussetzte. In der Weimarer Republik hatte er noch zu den leidenschaftlichen Kritikern Frankreichs und Polens gezählt, denen er vorwarf, das Versailler Vertragssystem zu zementieren. Wenig später hatte er aus seinen Fehlern, die er als Schuld und Pflicht zur Wiedergutmachung begriff, gelernt.

Als Europäer und deutscher Patriot verwies er nunmehr auf den engen Zusammenhang von europäischer und deutscher Einheit. Der Verzicht auf nationale Souveränitätsrechte bedeutete für ihn

nicht die Aufgabe nationaler Identität, die er durch die gemeinsame Geschichte, die gemeinsame Kultur und den gemeinsamen
Willen zur politischen Selbstbestimmung begründet sah. Die Besin-
nung auf die Schuld an den Verbrechen des NS-Regimes durfte
nicht zur Rechtfertigung für die deutsche Teilung mißbraucht werden, sondern schuf die Voraussetzung dafür, daß das Ausland das
Recht der Deutschen auf nationale Selbstbestimmung anerkannte.
Er faßte es in die Formel:»daß die Welt nur bereit sein werde zu
vergessen, wenn die Deutschen bewiesen, daß sie nicht vergessen«.

Er wußte, daß unter den gegebenen politischen Verhältnissen
ein Europa als dritte Kraft zwischen den Blöcken nicht mehr als
eine Vision sein konnte, deren Realisierung er jedoch Schritt für
Schritt den Weg ebnen wollte. Daß er, wenn er von einem vereinten
Europa sprach, ein freiheitliches, demokratisches Europa meinte,
braucht bei einem Mann, der sich der Tradition des europäischen
Humanismus verbunden wußte, nicht eigens betont zu werden.

Schmids Antikommunismus war nicht weniger militant als der
Kurt Schumachers, dem er immer Dank dafür zollte, daß er den
kommunistischen Einheitsbestrebungen entgegengetreten war. Er
teilte dessen Auffassung, daß die KPD keine deutsche Partei sei,
sondern eine Partei, die nach»russischen Weisungen« arbeitete.
Den Verfechtern einer politischen Zusammenarbeit zwischen KPD
und SPD hielt Schmid entgegen:»Ein KZ bleibt eine Schande, einer-
lei, ob seine Pfosten nun braun oder rot angestrichen sind.« In den
östlichen Einheitsparolen erkannte er den Versuch,»die Technik
der Blockpolitik auf Gesamtdeutschland zu übertragen«. Daß die
SED die Arbeiter Westdeutschlands und die Parteibasis der SPD für
ihre Ziele zu gewinnen suchte, war ihm nicht verborgen geblieben.
So warnte er in öffentlichen Reden und auf Parteiversammlungen
vor der Absicht der Kommunisten, wie Hitler»nach dem Prinzip des
Lattenzaunes« die freiheitliche Demokratie zu unterminieren.

Die SED kam für ihn vorerst als Gesprächspartner nicht in Frage.
Noch hatte er die Hoffnung, wenngleich sie nicht groß war, daß die
Alliierten sich über die Wiederzusammenführung des in zwei Hälf-
ten gerissenen Deutschland einigen würden. In den Londoner Emp-
fehlungen wurden die Ministerpräsidenten der Westzonen aufgefordert, eine verfassunggebende Versammlung einzuberufen. Weil
Schmid verhindern wollte, daß die vier Mächte sich aus ihrer Verantwortung für Gesamtdeutschland davonstahlen, plädierte er für

die Errichtung eines Organisationsstatuts. Das »organisierte Provisorium«, das er schaffen wollte, glich einem funktionsfähigen Staat, der aber keine außenpolitische Handlungskompetenz besaß. So wären die Alliierten gezwungen gewesen, in absehbarer Zeit eine Einigung über die deutsche Frage herbeizuführen. Die Bildung eines westdeutschen Kernstaates, gegen die er sich wandte, barg seines Erachtens die Gefahr in sich, die deutsche Spaltung zu vertiefen. Sie leistete einem »Anschlußdenken« Vorschub, das Verhandlungen von vornherein aussichtslos machte.

Schmid, der ansonsten visionären Weitblick mit einer luziden Einschätzung der politischen Machtverhältnisse verband, hatte verkannt, daß die Westmächte, insbesondere die Amerikaner, die Gründung eines westdeutschen Staates als Bollwerk gegen den Kommunismus für unabdingbar hielten. Wenn er sich nicht selbst aus den Verfassungsberatungen ausschalten wollte, mußte er starke Abstriche an der von ihm vertretenen Provisoriumsidee vornehmen. Er konnte sie schließlich nur noch in abgeschwächter Form ins Gespräch bringen, indem er nicht von einem westdeutschen Staat, sondern von einem »Staatsfragment« sprach. In der lange diskutierten und mehrmals überarbeiteten Präambel des Grundgesetzes gingen Staatsfragment- und Kernstaatstheorie eine widersprüchliche Einheit ein. Schmid mochte sich damit trösten, daß das »Sibyllinische« der Präambel auch seine Vorteile haben konnte. Tatsächlich sollte sein beharrliches, von kaum jemandem verstandenes Insistieren auf den provisorischen Status der Bundesrepublik Deutschland die innerdeutschen Verhandlungen in den siebziger Jahren entscheidend erleichtern.

Schmid, nach wie vor davon überzeugt, daß die Behauptung einer westdeutschen Staatlichkeit die Herstellung der deutschen Einheit erschweren werde, stufte das Grundgesetz zu einem »Notdach« herab. Den Vorrang der Wiedervereinigung vor der Westintegration, den seine eigene Partei auf Betreiben Wehners schon bald postulierte, hielt er für eine falsche Alternative. Westintegration und deutsche Einheit schlossen sich seiner Ansicht nach nicht aus, sondern bedingten einander, wenn – wofür Schmid auf der Tribüne des Europarates immer wieder plädierte – Westeuropa sich nach Osten hin offen hielt. Schon früher als Adenauer hatte er die Gründung einer Montan-Union angeregt und einen Europaratsbeitritt befürwortet. Als Vater des Grundgesetzes hatte er ungewollt die verfassungsrechtlichen Grundlagen für Adenauers Westintegrationskurs geschaffen. Er fürchtete jedoch, daß eine »Politik der Stärke« die Verhältnisse versteinern werde, anstatt sie in Bewegung zu bringen. Im Zuge der Korea-Krise hatte auch er einer »offensiven Verteidigung« das Wort geredet. Aber diese Strategie trug nicht dazu bei, die Sowjetunion zum Rückzug aus der östlichen Hälfte Deutschlands zu bewegen. So mahnte er die Bundesregierung, noch bevor der Streit über die Stalinnote vom März 1952 entbrannte, nun auch mit dem Osten Verhandlungen aufzunehmen. In der Stalinnote sah er die Möglichkeit, mit Moskau ins Gespräch zu kommen. Der Meinung, daß Adenauers Nichteingehen auf Stalins Offerte eine vertane Chance gewesen sei, schloß er sich nicht an, denn nach und nach kam er zu der schmerzlichen Einsicht, daß die deutsche Einheit nur in einem langwierigen Prozeß zu erreichen war.

Die Alternative – Westbindung bei gleichzeitiger Öffnung nach Osten

Von dem amerikanischen Chefdiplomaten George F. Kennan, mit dem ihn enge Freundschaft verband, und auch von einigen anderen »Kreml-Astrologen« wußte er, daß die Kreml-Herren Nato-Truppen an der Elbe fürchteten und deshalb zu Verhandlungen über die deutsche Einheit bereit waren. Die Frage war nur, welchen Preis die Bundesrepublik dafür zahlen sollte. Schmid erklärte offen, daß die Neutralisierung Deutschlands, die die Gefahr einer schleichenden Machtergreifung der Kommunisten in sich barg, ein zu hoher Preis sei. Er war jedoch der Auffassung, daß es nicht nur die Alternative, »Satellit des Ostens oder Vasall des Westens« zu sein, gebe, sondern noch eine weitere: »sich dem Westen in Formen zu verbinden, die der Osten nicht bedrohlich zu finden braucht, und mit dem Osten in ein Verhältnis freien Austausches zu treten, das den Westen stärkt, statt ihn zu schwächen«. Die Formulierung klingt delphisch, war aber keineswegs eine »Halbheit«, wie ihm von konservativer Seite vorgehalten wurde. Das von ihm ausgearbeitete Alternativkonzept zeigte einen Weg, Verhandlungen mit Moskau und mit den osteuropäischen Staaten einzuleiten. Er schlug die Umwandlung der geplanten europäischen Verteidigungsgemeinschaft in eine nach Osten hin offene »Gefahrengemeinschaft« vor. Daraus konnte sich im Laufe der Zeit eine europäische Friedensordnung entwickeln, ohne die nach seinem Dafürhalten die deut-

sche Einheit bloßes Postulat bleiben mußte. Schmid hatte sich auf
die kollektiven Sicherheitssysteme der Zwischenkriegszeit zurück-
besonnen, als er sein Konzept für die Zukunft entwarf. Die Locarno-
Verträge standen ihm als Vorbild vor Augen. Der Vorwurf, daß er sich
an der Vergangenheit orientiere, während die Gegenwart maßgebend durch den Ost-West-Konflikt, durch die beiden Supermächte
USA und UdSSR bestimmt sei, blieb ihm nicht erspart. Erst später
setzte sich langsam und keineswegs bei allen die Einsicht durch, daß
der Aufbau europäischer Sicherheitsstrukturen und die Bildung eines gesamtdeutschen Staates sich nicht voneinander trennen ließen.

Wenn es überhaupt zu Beginn der fünfziger Jahre eine realistische Alternative zu Adenauers Außenpolitik gab, so war es die von
Schmid entwickelte. Sie deckte sich fast nahtlos mit Plänen, die der
FDP-Abgeordnete Karl Georg Pfleiderer ausgearbeitet hatte. Der
schwäbische Landsmann Pfleiderer war ein kongenialer Partner für
Schmid. Beide jedoch verfügten in der jeweils eigenen Partei über
zu wenig Rückhalt, um die Bundesregierung mit ihren Gegenkon-
zepten in Bedrängnis bringen zu können.

In der SPD, in der Wehner den Kurs der Außenpolitik bestimmte,
setzte man auf Viermächteverhandlungen. An ihren Erfolg wollte
Carlo Schmid, dem die Konferenzdiplomatie der Zwischenkriegszeit noch in persönlicher Erinnerung war, zu Recht nicht glauben.
Er konnte sich jedoch gegen Wehner nicht durchsetzen. Schmid
vertraute wie Adenauer auf die Mittel der klassischen Diplomatie.
Obwohl sein Blick immer ins Übernächste ging, obwohl er von sich
selbst sagte, daß er sich ohne den »Mut zur Utopie« nicht an den
Schalthebeln der Politik betätigen könne, wußte Schmid um die
Notwendigkeit der kleinen Schritte. Das Gespräch mit den Mäch-
tigen der Welt, zu denen er als Oppositionspolitiker nur schwer Zu-
gang fand, war nicht weniger wichtig, vielleicht noch wichtiger als
das Schmieden von Plänen und Alternativkonzepten. So zitierte er
immer wieder Richelieus Worte »négociez, négociez, négociez« –
»verhandelt, verhandelt, verhandelt«. Daß ihm selbst die Hände ge-
bunden waren, er sich zumeist mit der Rolle des Mahners begnü-
gen mußte, schmerzte ihn nicht wenig.

Im Frühjahr 1955 hatte er den Bundeskanzler aufgefordert, nach
Moskau zu reisen. Er zögerte daher keinen Moment, Adenauers Einladung, ihn auf der für September 1955 geplanten Moskau-Reise
zu begleiten, anzunehmen. Die Hoffnung schwang mit, daß die Verhandlungen in Moskau eine neue Etappe der Außen- und Deutsch-

landpolitik einleiten konnten, wodurch sowohl die Bundesregierung als auch die SPD zum Umdenken gezwungen worden wären. Schließlich hatte sich Schmid jahrelang vergeblich darum bemüht, zu einer gemeinsamen Außen- und Deutschlandpolitik von Regierung und Opposition zu gelangen. Was er erhoffte, wurde von seinen Parteifreunden befürchtet, so daß man Schmids Teilnahme an der Reise nicht unterstützte.

In Moskau gab es ein enges Einvernehmen zwischen dem Bundeskanzler und dem stellvertretenden Vorsitzenden des Auswärtigen Ausschusses. Ebenso wie Adenauer befürwortete auch Schmid die Aufnahme diplomatischer Beziehungen mit der UdSSR. Die Freilassung der Kriegsgefangenen wurde Adenauer als Erfolg angerechnet, sie war ebenso Schmids Verdienst. Sein Appell an die »Großherzigkeit des russischen Volkes« zeigte bei den Kreml-Herren Wirkung, so daß Adenauer sich genötigt sah, Schmid zu bescheinigen, daß er der »deutschen Sache sehr gedient« habe.

Fortschritte in der Frage der deutschen Einheit konnten bei den Moskauer Gesprächen nicht erzielt werden. Schmid war betroffen von der deutschlandpolitischen Initiativlosigkeit der Bundesregierung, der er vorwarf, den Draht nach Moskau nicht zu nutzen. Zusammen mit anderen Mitgliedern des SPD-Parteivorstandes suchte er nach Möglichkeiten, um ständigen Kontakt zu der Botschaft der UdSSR in der Bundesrepublik zu gewinnen.

Die Rolle des ständigen Mahners ist eine undankbare, noch undankbarer ist die des politischen Vorkämpfers und Tabubrechers. Schmid übernahm sie, obwohl ihm klar war, daß er sich damit der Kritik aussetzte, unter der er mehr litt, als er zugab. Vergeblich versuchte man von allen Seiten, ihn in die Rolle des Schöngeistes zu drängen, der über den Wogen der politischen Auseinandersetzung stand.

Als sich im Zuge des 20. Parteitages der KPdSU die Autonomie der Ostblockstaaten zu vergrößern schien, wurde er nicht müde, sich für die Aufnahme diplomatischer Beziehungen zu den osteuropäischen Staaten einzusetzen, tat sich doch jetzt die Chance auf, der Vision eines Europa als dritter Kraft zwischen den Blöcken einen Schritt näher zu kommen. Die Aussöhnung mit Polen stand für ihn auch aus persönlichen Gründen an erster Stelle seines ostpolitischen Zielkatalogs. Schmid, der Politik und Moral nie trennte, verstand sie als moralisches und politisches Gebot. Die Moral verlangte die Wiedergutmachung der in Polen begangenen Verbre-

chen des NS-Regimes. Der Wunsch, die deutsche Spaltung zu über-
winden, verlangte die Bereitschaft zur Verständigung mit Polen. Mit
dieser Einsicht rührte Schmid an ein Tabu: die notwendige Anerkennung der Oder-Neiße-Grenze. In einer beherzten Rede, die er
im Oktober 1956 in Bad Neuenahr hielt, brach er dieses Tabu, indem er unumwunden zu verstehen gab, daß es keine deutsche Einheit geben werde, »ohne daß vorher über das Schicksal der Gebiete
östlich der Oder und Neiße Einverständnis erzielt wird«. Der Zorn
der eigenen Partei, die um die Stimmen der Heimatvertriebenen
fürchtete, war ihm sicher.

Schmids osteuropapolitische Aktivitäten wurden beargwöhnt. Nur
widerwillig stimmten die Parteifreunde einer von Schmid für März
1958 geplanten Polenreise zu. Wehner gab zu bedenken, daß ein
engeres Verhältnis zwischen der Bundesrepublik und Polen das Miß-
trauen Moskaus hervorrufen müsse. Schmid ließ sich die Reise
nicht ausreden. Da er die ostpolitische Passivität der Bundesregierung und das Taktieren seiner eigenen Parteifreunde für verant-
wortungslos hielt, war er fest entschlossen, nun selbst einen Grund-
stein für die deutsch-polnische Verständigung zu legen. Er hatte
die Selbständigkeit Polens gegenüber der Sowjetunion jedoch überschätzt. Zu mehr als einem unverbindlichen Meinungsaustausch,
bei dem Schmid immerhin den Willen zur Verständigung und Wiedergutmachung demonstrieren konnte, kam es nicht. Es gelang ihm
nicht, die Aufnahme diplomatischer Beziehungen in die Wege zu lei-
ten, zumal die Bundesregierung nicht gewillt war, sich auf Gespräche über die Oder-Neiße-Grenze einzulassen.

Auch das Moralische verstand sich nicht von selbst. Der Bundes-
finanzminister wies Schmids Ersuchen brüsk zurück, den von Na-
tionalsozialisten zu medizinischen Versuchen mißbrauchten Mäd-
chen und Frauen individuelle Entschädigungsleistungen zu zahlen.
Schmid hielt es in diesem Fall für schäbig, der Staatsräson vor der
Moral Vorrang einzuräumen, galt doch für ihn die Maxime: »Ehe
man politisch ist, muß man in erster Linie Mensch sein.«

Die Provokation – Anerkennung der DDR

Auch wenn die Polenreise nicht so erfolgreich verlaufen war, wie
er es sich erhofft hatte, wollte er doch den von ihm eingeschlage-
nen Weg weitergehen. Kurz nach seiner Polenreise trat er mit einem

ost- und deutschlandpolitischen Alternativprogramm vor den Bundestag, in dem er bereits früher vorgetragene Gedanken und Leitlinien weiterentwickelte. Es war als Langzeitprogramm gedacht, denn an eine baldige Wiedervereinigung glaubte er nicht mehr. Militärische Entspannung, für die der Rapacki-Plan einen Ausgangspunkt bot, und eine Europäisierung der deutschen Frage erschienen ihm als der aussichtsreichste Weg, um Verhandlungen über die deutsche Einheit in Gang zu bringen. Diese konnten nur zu Ergebnissen führen, wenn man sich zuvor über den militärischen und politischen Status Gesamtdeutschlands einigte. Vorsichtig, aber unmißverständlich verwies er darauf, daß die Aufnahme diplomatischer Beziehungen zu den osteuropäischen Staaten Vereinbarungen über gesicherte Grenzen voraussetze. Wer hören konnte, verstand, daß damit die Anerkennung der Oder-Neiße-Grenze gemeint war. Und schließlich war er mutig genug, noch ein weiteres heißes Eisen anzufassen, an dem sich bisher keiner hatte die Finger verbrennen wollen. Er sprach sich für eine De-facto-Anerkennung der DDR aus und provozierte die große Mehrheit seiner Zuhörer mit der Bemerkung, daß eine Hose eine Hose bleibe, auch wenn man sie Beinkleid nenne. Im Parlamentarischen Rat hatte er noch anders argumentiert. Im Laufe der Jahre jedoch war er zu der Überzeugung gelangt, daß die Deutschen die Initiative zur Herstellung der deutschen Einheit selbst ergreifen müßten.

Die Provokation erregte erstaunlich wenig Anstoß. Im Regierungslager war man offensichtlich sehr genau darüber informiert, daß Schmid sich vorgewagt hatte, ohne sich des Rückhaltes in der eigenen Partei zu versichern. Schmid, der zum Handeln drängte, aber selbst nicht handeln konnte, hatte ein durchdachtes, in die Zukunft weisendes Konzept. Auf der Grundlage der Westbindung wollte er eine aktive Ostpolitik betreiben. »Die Prozesse, die zur Überwindung der Teilung führten, hätten schon zehn Jahre früher eingeleitet werden können«, konstatierte Egon Bahr in seinen kürzlich erschienenen Erinnerungen. Auch Bahr dachte bei seiner Feststellung nicht an Schmid, dessen Rolle als ost- und deutschlandpolitischer Vordenker und -kämpfer vergessen ist. Niemand unterstützte Schmid bei dem Versuch, die außenpolitischen Weichen in die von ihm vorgeschlagene Richtung zu stellen. Seine Herausforderungen wurden von seinen Politikerkollegen nicht angenommen.

Auch in seiner eigenen Partei breitete man über seine Provokationen den Mantel des Schweigens und nötigte ihm die Rolle des

»Tafelaufsatzes im Proletarierhaushalt« auf, wie Heuss ihn einmal spöttisch nannte. So gelang es Wehner, die außenpolitische Marschrichtung der SPD zu bestimmen. Den unter der Federführung Wehners ausgearbeiteten Deutschlandplan lehnte Schmid ab. Die dort vorgesehene Bildung eines paritätisch besetzten gesamtdeutschen Rates setzte die Sicherung der Menschenrechte und Grundfreiheiten in der DDR voraus, war also unrealistisch, solange sowjetische Truppen in der DDR standen. Zudem gaben die Gespräche, die Schmid und Erler im Kreml geführt hatten, keinerlei Anlaß zu dem im Deutschlandplan vertretenen Entspannungsoptimismus. Wehner mußte den von ihm so vehement verteidigten Deutschlandplan schon kurze Zeit nach seiner Veröffentlichung wieder zu den Akten legen.

Ungehalten mußte Schmid mit ansehen, wie der geistige Vater des Deutschlandplanes eine Volte schlug und auf den außenpolitischen Kurs der Bundesregierung einschwenkte. Auch wenn ihn an manchen Tagen die »schwarzen Sonnen der Melancholie« fast zu verbrennen drohten, war Schmid kein Mensch, der sich durch Niederlagen in die Resignation treiben ließ. Er hielt auch nach Wehners außenpolitischer Wende vom Juni 1960 an seinem ost- und deutschlandpolitischen Konzept fest. Er hatte den mangelnden Machtsinn der Linken immer wieder beklagt. Aber er war nicht bereit, um der bloßen Taktik willen einen als richtig erkannten Weg und ein angestrebtes Ziel zu opfern.

1962 fuhr er nach Jugoslawien, um dort die Fäden für die Wiederaufnahme diplomatischer Beziehungen zu knüpfen, zu der die Bundesregierung jedoch noch nicht bereit war. Ein Jahr später handelte er sich Ärger ein, als er dazu aufrief, die Hallstein-Doktrin nun endgültig über Bord zu werfen. Daß sie eine Fessel der deutschen Außenpolitik war, hatte er schon erkannt, als sie gerade erst geboren wurde. Trotzdem durfte man auch jetzt noch nicht an ihr rütteln. Die Bleiträger überholter Dogmen saßen in der Bundesregierung und in der eigenen Partei.

Erst Mitte der sechziger Jahre, als de Gaulle die Europäisierung der deutschen Frage erneut in die internationale Diskussion brachte, konnte Schmid sich mit seinen außenpolitischen Leitsätzen wieder an die Öffentlichkeit wagen. Auch de Gaulle sah die europäische und die deutsche Einheit in einem engen Zusammenhang. Und er konnte ohne Umschweife sagen, was man Schmid übelnahm, wenn er es laut und öffentlich sagte. Schmid mahnte, de Gaulles

Dienste als diplomatischer Mittler im ostpolitischen Dialog anzunehmen.

Politik bedeutet mitunter das Bohren harter dicker Bretter. Langsam ging die SPD den Weg, den Schmid ihr in den fünfziger Jahren
vorgeschlagen hatte. So fühlte er sich ermutigt, nun auch das heiß
umstrittene Thema Anerkennung der DDR wieder aufzugreifen,
ohne sich allerdings bei Wehner Gehör verschaffen zu können.
Vergeblich wandte sich Schmid im Sommer 1967 an Wehner:»Du
weißt, daß ich immer die Meinung vertreten habe, daß beide deutsche Staaten nur Übergangsgebilde sind, Provisorien, daß sie also,
wenn sie miteinander verkehren – im Wissen darum, daß sie nur
Provisorien sind – keinerlei Präjudiz zu Lasten des Ganzen schaffen. Wenn wir auf dieser Grundlinie operieren, können wir ein gutes
Stück über die heute noch bestehenden Hindernisse hinauskom-
men.« Da er sich mit dieser Auffassung in der SPD nicht durchsetzen konnte, trat er an die Öffentlichkeit. Bei den Feiern zum
20. Jahrestag der Einberufung des Parlamentarischen Rates und
der Unterzeichnung des Grundgesetzes konnte er sich seine Autorität als Verfassungsvater zunutze machen, um zu unterstreichen,
daß die von ihm vorgeschlagene De-facto-Anerkennung der DDR
nicht im Widerspruch zu dem Wiedervereinigungsgebot des Grundgesetzes stand. Er zog sich keinerlei Kritik zu, als er im Mai 1969
die Formel von den »beiden Staaten auf deutschem Boden« prägte,
die, »so verschiedenen Ranges auch ihre moralische und demokratische Legitimität sein mag«, ihrer Entstehung nach »formal gleichen Ranges« sind. Daher könnten sie miteinander verkehren,
ohne sich dabei als Ausland anerkennen zu müssen.

Einige Monate später sprach Willy Brandt als Regierungschef
von den »zwei Staaten in Deutschland« und setzte in praktische
Politik um, was Carlo Schmid bereits in den fünfziger Jahren vorgeschlagen hatte, aber schon fast in Vergessenheit geraten war.
Carlo Schmid fiel als Koordinator für die deutsch-französische Zusammenarbeit die Aufgabe zu, die deutsch-französischen Beziehungen zu intensivieren und zugleich in Paris um Verständnis für
die dort beargwöhnte Deutschland- und Ostpolitik zu werben. An
seiner Ansicht, daß europäische Integration und deutsche Einheit
»zwei Seiten einer Medaille« waren, hatte sich nichts geändert.

Schmid war Künder und Kärrner. Als Visionär eilte er seiner Zeit
weit voraus, und oft schwamm er gegen den Strom der Zeit. Er war
ein einsamer Mann. Bald schon nannte er sich selbst eine Mischung

aus Camille Desmoulins und Don Quichotte. Daß ihm diese Rollen zuwuchsen, war tragisch. Daß er sie annahm, zeigt seine Größe. Gegen die Flügel von Windmühlen wie der Ritter von der traurigen Gestalt kämpfte er jedoch nicht, sondern gegen Dogmen und Tabus, die die Politik steril machten. Wenn ihm auch das große Amt versagt war, er die politischen Wegmarken der deutschen Politik nicht setzen durfte und konnte, so gebührt ihm doch das Verdienst, das Koordinatensystem der bundesdeutschen Außenpolitik entwickelt zu haben. Willy Brandt nannte Carlo Schmid einen »heimlichen Vater des freiheitlichen Deutschland«. Er war es als Widerstandskämpfer, als Verfassungsvater, als politischer Pädagoge und Erzieher und nicht zuletzt als Vorkämpfer für Deutschlands Einheit in einem geeinten und freiheitlichen Europa.

»Was du ererbt von deinen Vätern hast, erwirb es, um es zu besitzen!« An dieses Goethe-Wort sollten wir denken, wenn wir an Carlo Schmid, den »heimlichen Vater des freiheitlichen Deutschland« erinnern.

Horst Möller

Carlo Schmid, Frankreich und Europa

»Deutschland, Frankreich und Europa« überschrieb Carlo Schmid
einen Aufsatz, den er 1949 in der »Deutschen Rundschau« veröffentlichte. In einer seiner Aufsatzsammlungen, die nicht zufällig
unter dem Titel »Europa und die Macht des Geistes« erschien,
finden sich nicht weniger als drei einschlägige Beiträge: »Europa als
nationale Aufgabe«, »Der europäische Mensch«, »Ein guter Europäer«. Der zweite Band der gesammelten Essays enthält Reflexio-
nen »Über das europäische politische System«, seine »Erinnerungen«, ein Kapitel »Deutschland und Europa«. Und schließlich
behandelte Carlo Schmid in zahlreichen weiteren, dort nicht abge-
druckten Aufsätzen, Vorträgen und Reden seine europäischen
Zielsetzungen und das deutsch-französische Verhältnis, womit er
bereits 1947 in kulturpolitischen Zeitschriften wie dem »Merkur«
oder der »Wandlung« begann.

Als Abgeordneter und zeitweiliger außenpolitischer Sprecher der
sozialdemokratischen Fraktion, der während der 1. Wahlperiode
auch Vorsitzender des außenpolitischen Ausschusses des Deutschen
Bundestages war, 1963 bis 1966 als Präsident der parlamentarischen Versammlung der Westeuropäischen Union und schließlich
1969 bis 1979 als Koordinator für die deutsch-französische Zusammenarbeit, engagierte sich Carlo Schmid über Jahrzehnte hinweg
für die deutsche Frankreich- und Europapolitik – in solch heraus-
gehobenen Funktionen war dies zwar selbstverständlich, geschah
jedoch immer mit Passion und weiter abendländischer Dimension.

Kein Zweifel also: Das Thema »Frankreich und Europa« spielte
in Carlo Schmids persönlichem und politischem Leben eine Schlüs-
selrolle. Dies mochte für den in Perpignan geborenen Sohn einer
französischen Mutter und eines deutschen Vaters – der selbst viele
Jahre in Frankreich verbracht hatte – selbstverständlich scheinen.
Doch zählt zu den wesentlichen Ursachen dieses Engagements in

kaum geringerem Maße seine tiefe Verwurzelung in der europäischen Kulturgeschichte, die sein konstitutives Bildungserlebnis gewesen ist.

Carlo Schmid war schon wenige Monate nach der Geburt mit seinen Eltern nach Deutschland, in die schwäbische Heimat seines Vaters gekommen und hatte nur in den Jahren als Kriegsverwaltungsrat in Lille 1940 bis 1944 – die sein politisches Urerlebnis wurden – für längere Zeit in Frankreich gelebt. Doch war das Französische tatsächlich seine erste Sprache, da die in Deutschland nie heimisch werdende Mutter nur in ihr mit ihm redete.

Wenngleich Carlo Schmid die deutsche und die französische Sprache mit gleicher Meisterschaft beherrschte, so charakterisierte es ihn doch kaum minder, daß seine intime Kenntnis der abendländischen Kultur auf einem ausgesprochen polyglotten Fundament ruhte, das er sich unter dem Druck der aufstiegs- und bildungsorientierten Eltern auf dem humanistischen Stuttgarter Karls-Gymnasium mit neunjährigem Latein- und siebenjährigem Griechischunterricht erwarb. »Meine Schulen waren Lernschulen. Das bedeutet: Wir Schüler sollten, ohne Rücksicht auf die unmittelbare Verwendbarkeit des Lehrstoffes für einen späteren Beruf, das Lernen lernen«, wie er später in seinen »Erinnerungen« bemerkte – eine Maxime, deren Wert man sich gerade am Beispiel Carlo Schmids wieder ins Gedächtnis rufen sollte.

Und schließlich trat später das Italienische, Spanische und Englische hinzu: In der Literatur der Romania war Carlo Schmid zu Hause wie kein zweiter deutscher Politiker. Man fühlt sich an das Ernst Robert Curtius zugeschriebene Aperçu erinnert, der gebildete Mensch beherrsche Griechisch und Lateinisch sowie die paar europäischen Dialekte, die noch übrigblieben. Daß der Staats- und Völkerrechtler, der Professor der Politischen Wissenschaften, die grundlegenden staatstheoretischen und staatsphilosophischen Texte der europäischen Geistesgeschichte im Original kannte, mag angesichts seiner Profession noch als selbstverständlich gelten, kaum aber seine intime Kenntnis der schönen Literatur, nicht zuletzt der Lyrik oder auch der Kunst, für die seine »Gedanken zu Grieshabers Totentanz von Basel« 1978 beispielhaft sind.

Schon 1947 veröffentlichte er eine Versübertragung von Charles Baudelaires »Les Fleurs du Mal«, die in der langen Reihe der deutschen Übersetzungen eine der erfolgreichsten wurde und drei Auflagen erlebte. 1958 folgte die Übersetzung von Julien Greens Roman

»Der andere Schlaf«, 1959 die Übertragung von Paul Valérys kunst-
kritischen Essays. Weitere Einzelübersetzungen traten hinzu, beispielsweise von Werken des französischen Dramatikers Edmond
Rostand aus dem späten 19. und frühen 20. Jahrhundert oder des
spanischen Dramatikers Pedro Calderón de la Barca aus dem 17.
Hinzu kamen gelegentlich Übertragungen einzelner Gedichte, etwa
von Victor Hugo oder Charles Péguy.

Auffällig ist nicht allein die Vielfalt der Epochen, der diese Autoren zugehören, sondern auch die des Genres: Carlo Schmid war in
der Lyrik, der Dramatik, der Essayistik und der Romanliteratur
gleichermaßen zu Hause. Gegenüber den literarischen durch Ein-
fühlsamkeit wie durch sprachliche Brillanz ausgezeichneten Übersetzungen, die erfolgten, als er schon ein ausgefülltes Politikerleben
führte, lagen frühere vergleichbare Arbeiten wie die bereits 1929
veröffentlichte Übersetzung von Anzilotti Dionisios »Lehrbuch des
Völkerrechts« oder die 1956 herausgegebene Auswahl von Texten
Niccolò Machiavellis, die er mit einem tiefdringenden großen Essay
einleitete, im beruflichen Normalfeld. Allerdings demonstrierte gerade letzterer, daß der politische Praktiker ein reflektierender Kopf
der politischen Theorie geblieben war.

Ohne Frage erklären sich Qualität und Quantität der poetischen
Übertragungen Carlo Schmids nicht allein aus seinem literarischen
Interesse, sondern daraus, daß der von Stefan George Beeinflußte
selbst eine Dichternatur war, der noch als aktiver Politiker Gedichte
schrieb und 1947 ein »Römisches Tagebuch« publizierte. Spätere
Übersetzungen, von gleicher Qualität wie die früheren, galten zwei
Autoren, denen er sich in der Verbindung der vita activa und der
vita contemplativa, aber auch in ihrer literarischen Gestaltungs-
kraft besonders verbunden fühlte, wenngleich sie ihm in bezug auf
zentrale politische Inhalte eher fern standen: André Malraux und
Charles de Gaulle, von dem Carlo Schmid einen seiner Memoiren-
bände übersetzte – er erschien 1981 und wurde seine letzte, postum
erschienene Veröffentlichung: »Die Schneide des Schwertes«.

Zu Carlo Schmids kongenialen Übersetzungsleistungen neben der
Übertragung Baudelaires zählt zweifellos diejenige der »Anti-
Memoiren« von André Malraux (1968) und dessen anschließendem
Fragment »Eichen, die man fällt ...« (1972), in dem der Autor ver-
mutlich stark stilisierte Gespräche mit General de Gaulle in Co-
lombey-les-deux-Eglises nach dessen Rücktritt wiedergibt, die um
Grundfragen der menschlichen Existenz, weltgeschichtliche Fragen,

aber auch die geistig-politische Situation der Zeit kreisen – Themen also, die Carlo Schmid fesselten und die er selbst immer wieder essayistisch reflektiert hatte. Und trotzdem: Ein »deutscher Malraux« war er kaum. Zwar war auch ihm der unbedingte Wille zur Repräsentativität – die Malraux' spätere Jahre kennzeichnen – nicht fremd, auch ihm zuweilen nationales Pathos eigen. Doch waren für Carlo Schmid wohl die poetisch getönten Versuchungen der »Fleurs du Mal« und sein schwäbisch-abendländisches Bildungsbürgertum stärker als der heroisch stilisierte existentialistische Aktivismus des zunächst revolutionären Weltbürgers und später restaurativen leidenschaftlichen Franzosen André Malraux. Und nicht zuletzt: Zumindest in seinem öffentlichen politischen Leben war Carlo Schmid ein Mann des Maßes und nicht der Extreme – so maßsprengend er nach 1945 angesichts der vielen Unterernährten auch erscheinen mochte.

Ist auch das essayistische Werk Carlo Schmids reich und vielfältig, so konzentrieren sich doch die historischen Studien zum größten Teil auf die deutsche, in noch stärkerem Umfang aber auf die Geistesgeschichte der romanischen Länder. Hervorzuheben sind seine Essays über Dante, über Rousseau oder über den existentialistischen Philosophen Gabriel Marcel, in der politischen Ideengeschichte über Machiavelli, den er wiederholt behandelte, und über Robespierre, den »Tugendhaften«. Alle Essays verbindet indes die Rückbesinnung auf die dem Abendland gemeinsamen Wurzeln, auf die er im Motto für seine Gesammelten Abhandlungen hinwies: »Das geistige Erbe der Antike ist das Erbe schlechthin, von dem wir leben … Wir können heute nur darum weiter in die Tiefe und in die Breite fragen, weil wir die Antworten jener Zeit als Stufen für das Weiterfragen nehmen können.«

Carlo Schmid war ein großer parlamentarischer Rhetor, ein Meister des Essays in der großen Tradition Montaignes und der französischen Moralistik, doch kein Mann des großen Werkes. Insofern unterscheidet er sich von dem ihm befreundeten und geistesverwandten Theodor Heuss, der außer unzähligen Aufsätzen und Reden auch eine Reihe großer Darstellungen hinterließ. Doch hat er diesem oft die Präzision des Stils voraus; den übrigen brillanten Bildungsbürgern in der damaligen Bundespolitik, Franz Josef Strauß und Kurt Georg Kiesinger vor allem, aber doch ein überraschend reiches Gesamtwerk. Stärker als diese war er ein Poet, wie sie alle dachte er in den Bezügen der europäischen Geschichte.

Historische Tiefendimension kennzeichnet auch die einzelnen
Essays, so geht es ihm in seinem Aufsatz über »Dante und Pierre
Dubois« weniger um diese historischen Gestalten im engeren Sinne
als um »Idee und Ideologie des Abendlandes an der Wende von
Mittelalter und Neuzeit«: »Europäische Geschichte ist in ihren tieferen Schichten nichts anderes denn der Kampf um den Vorrang
der verschiedenen volksgebundenen Denkbilder vom Wesen des
abendländischen Menschen und der politischen Formen, die zu dessen Darstellung, sei es für erforderlich, sei es als tauglicher als andre
erachtet werden.« Dabei erkennt Carlo Schmid durchaus die natio-
nalen historischen Dispositionen und Ideologien, ja ihre jeweilige
nationale Egozentrik, die sich um die verschiedenen Deutungen
der europäischen Geschichte ranken. Carlo Schmid, der deutschen
und der französischen Kultur gleichermaßen verhaftet, zugleich
aber ein deutscher Patriot, ist immer Europäer genug, um die Nationen – das Europäische an Europa, wie es Hermann Heimpel einmal definiert hat – mit dem distanzierten Blick des Analytikers von
außen betrachten zu können. So erwähnt er die »französische Art,
das Problem zu denken: das Abendland, der Trott von Planetenvöl-
kern um die Zentralsonne Frankreich, ja, um die eine Lichtstadt
Paris«. Und dann die durch die Jahrhunderte modifizierte, aber
durchgehaltene deutsche Sicht der Dinge, »von den Dichtern und
Denkern des großen Jahrhunderts des deutschen Geistes, am lau-
tersten und leibhaftesten von Hölderlin, möge es uns begegnen in
dem sicheren Wissen Stefan Georges, daß leibhaft im Glanze der
Gott durch unsere Fluren schreitet und des Erdteils Herz die Welt
errettet wird – immer ist es das Heilige Reich, das den Deutschen
vor Augen steht, wenn sie das Abendland fassen«.
    Gerade wegen der nationalen Perspektive findet es Schmid für
Deutsche lohnend, sich mit dem florentinischen Dichter und dem
französischen Kronadvokaten Philipps des Schönen zu befassen,
war es doch Pierre Dubois, der unter dem Mantel des freiwilligen
Zusammenwirkens der europäischen Staaten zwar die Idee des
Völkerbunds entwarf, zugleich aber die französische Oberherrschaft
auf dem Festland sichern wollte – in der »Organisationsform der
Herrschaft der westlichen Zivilisation mit ihren Säulen Besitz und
Bildung«.
    Betrachtet man diese kulturelle Orientierung Carlo Schmids in
der westlich-mittelmeerischen Welt, so läge der Schluß nahe, er sei
auch politisch ein Mann ausschließlich des Westens gewesen. Doch

täuscht dies. Ganz im Gegenteil vertrat er schon früh eine heute
wieder aktuelle Position, indem er davor warnte, Europa östlich
Deutschlands enden zu lassen. So veröffentlichte er schon in den
1950er Jahren immer wieder Beiträge zu den deutsch-polnischen
Beziehungen, reiste wiederholt nach Polen und veröffentlichte 1958
in der Neuen Ruhr Zeitung einen Beitrag »Die Russen sind keine
Muschiks mehr. Der Westen darf nicht in Hochmut verharren«.
Und 1952 konstatierte er in seinem Aufsatz »Europa als nationale
Aufgabe«: Es gelte »mit dem Irrtum aufzuräumen, als ob sich eine
sinnvolle Europapolitik auf den Teil des Kontinents beschränken
könne oder gar zu beschränken habe, den man landläufig das
Abendland nennt ... Vom Politischen und Ökonomischen ganz abgesehen, auch kulturell wäre ein Europa ohne Großbritannien,
Skandinavien und den Osten nur ein entstellter Torso, und wer es
auf sich nehmen wollte, Europa ohne diese Völker in Angriff zu
nehmen, würde auch dem von ihm dann ›Europa‹ genannten Rumpf
des Kontinents eine Entwicklung aufzwingen, die vielleicht rheinisch-
mittelmeerisch, aber sicher nicht mehr europäisch genannt werden könnte.«

Auch in späteren Aufsätzen, Vorträgen und Zeitungsartikeln hat
Carlo Schmid immer wieder für eine gesamteuropäische Perspektive gefochten, obwohl er selbst geradezu als sprichwörtlicher Pro-
tagonist der abendländisch-westeuropäischen Kultur galt und sich
literarisch kaum je mit der osteuropäischen befaßt hat.

Diese vor allem politisch akzentuierte Einbeziehung Osteuropas
beruhte zwar auch auf seinem weiten historischen Blick, dem nationale Einengungen fremd waren, doch sind zahlreiche einschlägige Stellungnahmen nur im Zusammenhang der jeweiligen Option
seiner Partei zu verstehen, die sich nach ambivalenten Anfängen
seit dem für Kurt Schumacher ebenso überraschenden wie enttäu-
schenden Wahlausgang 1949 für nahezu ein Jahrzehnt zunehmend
schwertat, Konrad Adenauers konsequenten Kurs der Westintegration zu akzeptieren. Insofern stand Carlo Schmid im Span-
nungsfeld eigener Grundorientierungen und der außenpolitischen
Optionen der SPD, das zugleich solche seiner kulturellen und seiner politischen Prinzipien bezeichnet: Beide kamen nicht zur Dek-
kung.

Es bedeutete eine Verkürzung, würde man Carlo Schmids außenpolitische Maximen als die eines Franzosen in Deutschland ansehen. Ganz im Gegenteil vertrat er – beginnend mit seiner Opposi-

tion gegen die sich abzeichnende Weststaatsgründung nach der
Überreichung der Frankfurter Dokumente am 1. Juli 1948 bis zur
Ablehnung von Adenauers Saarpolitik – durchaus dezidiert nationale Gesichtspunkte, insofern eher Schumacher näher als Adenauer, der politisch die Position verkörperte, die Schmid kulturell
repräsentierte. Anders als Schumacher, der prinzipiell westorien-
tiert blieb, vertrat Carlo Schmid aber während der 1950er Jahre –
bis zu den illusionären Deutschlandplänen seiner Partei, die Heinrich Krone eines Professors würdig befand – zeitweilig einen auf
Neutralität Deutschlands abzielenden Kurs: So lehnte er zunächst
»in Anbetracht der Zwänge, denen uns Deutschlands Spaltung un-
terwerfe«, mit Schumacher, Ollenhauer und Erler den Beitritt der
Bundesrepublik zum Europarat ab. Maßgebend für diese politischen
Optionen war das Spannungsverhältnis von Westorientierung und
Wiedervereinigungspolitik, die Carlo Schmid – wie andere SPD-
Politiker auch – zeitweilig als kontradiktorisch betrachtete, wie er
beispielsweise am 1. Juli 1953 in der Sitzung des Deutschen Bundestages erklärte. Doch beugte er sich schließlich den Sachzwän-
gen und wurde Sprecher der SPD-Mitglieder in der Europarats-
Delegation des Deutschen Bundestages.

Während der Ära Adenauer war Carlo Schmid trotz seines großen Engagements an den entscheidenden Weichenstellungen der
deutschen Frankreich- und Europapolitik aufgrund dieser Konstel-
lation und der konsequenten Politik Adenauers, die für eine Neben-
außenpolitik der Opposition keinen Spielraum ließ, nicht beteiligt.
Es überrascht aber gleichwohl, daß Schmid in dieser Frage auch
die eigene Partei nicht stärker beeinflussen konnte, war er doch in
der sozialdemokratischen Führung nahezu der einzige, der gleich-
sam eine natürliche Frankreichorientierung besaß. Sie wäre nicht
zuletzt aufgrund des programmatischen Internationalismus der
SPD, den Carlo Schmid selbst immer wieder betonte, angemessen
gewesen. Eine aktivere Frankreichpolitik hätte in gewisser Weise
auch in der Konsequenz seiner Tätigkeit in Lille gelegen, bei der er
mit größtem persönlichem Einsatz alles versuchte, die Härten der
deutschen Besatzungspolitk zu mildern, und er sich, wie Petra Weber
in ihrer großartigen Biographie gezeigt hat, dem deutschen Widerstand gegen Hitler annäherte. Aus solchen Erfahrungen – und der
Überzeugung, das Bildungsbürgertum habe in der Verhinderung
Hitlers versagt – erwuchs schließlich seine Hinwendung zur praktischen Politik. Schließlich war die sozialdemokratische Führung, so-

fern sie nicht durch die dezidierte nationale Orientierung Kurt Schumachers geprägt wurde, zu einem guten Teil durch Remigranten beeinflußt: durch Erich Ollenhauer, Ernst Reuter, Willy Eichler, Fritz Heine, Willy Brandt, Herbert Weichmann, Herbert Wehner – um nur diese zu nennen. Ihre politischen Erfahrungen, sieht man einmal von Wehner ab, waren aber weitgehend angelsächsisch, zum Teil auch skandinavisch geprägt, kaum jedoch durch Frankreich: Der Saar-Experte der SPD und langjährige Parlamentarische Geschäftsführer der SPD-Bundestagsfraktion, Karl Mommer, bildete hierin eine Ausnahme, hatte er doch nach seiner Flucht nach Brüssel 1935 seit 1940 – zeitweise interniert – in Frankreich gelebt. Mit Carlo Schmid zählte er also zu den wenigen führenden sozialdemokratischen Spitzenpolitikern dieser Jahre, die eine intime Kenntnis des Nachbarlandes besaßen und am ehesten deutsche Sozialdemokraten mit französischen Gesinnungsgenossen hätten zusammenführen können – zumal nach dem Tode Kurt Schumachers, der die Politiker um Guy Mollet eher verschreckt hatte.

Später, am Ende der Ära Adenauer war es paradoxerweise die französische Europapolitik, die Carlo Schmids Engagement wenig Gestaltungsmöglichkeiten ließ, stand er doch der von General de Gaulle propagierten Organisationsform eines »Europa der Vaterländer«, vor allem aber dessen Ausgrenzungsversuchen gegenüber Großbritannien skeptisch gegenüber, wenngleich er verschiedentlich auch in Deutschland um Verständnis für die Politik de Gaulles – und damit für französische Denktraditionen – warb. Mit der ihm eigenen Noblesse und Fairneß erkannte Carlo Schmid indes die überragende Bedeutung de Gaulles – wie diejenige Adenauers – vorbehaltlos an: »Charles de Gaulle und Konrad Adenauer in der Kathedrale zu Reims nebeneinander kniend – das ist ein großes Bild, auch für den, der heute noch der Meinung ist, recht gehabt zu haben, als er unter den Umständen jener Jahre die von beiden verkörperte Politik bekämpfte.«

So propagierte er in »Le Monde« 1963 eine gegenüber dem General flexible Politik, deren kontradiktorischer Inhalt aber deutlich war: »Il faudrait trouver un méthode qui permette au Général de Gaulle de revenir à la raison sans perdre la face.«

Auch in der Politik war Carlo Schmid sicher »kein ausgeklügelt Buch«, sondern ein »Mensch in seinem Widerspruch«, der nach dem bekannten boshaften Wort von Theodor Eschenburg viel wollte, noch mehr konnte und doch wenig erreichte. Allerdings sollte man auch dieses Aperçu relativieren. Nimmt man alle Aktivitäten Carlo Schmids zusammen, so ist seine große Leistung wohl unbestreitbar, wenngleich er später politisch nicht die prägende Rolle spielen konnte, die er noch im Parlamentarischen Rat ausgeübt hat. Enttäuschungen allerdings blieben dem Melancholiker nicht erspart. Daß er als überzeugter Anhänger der deutsch-französischen Verständigung und der Vereinigten Staaten von Europa – und wie kein zweiter Politiker seiner Jahre Verkörperung europäischer Bildung – sie eher repräsentierte als selbst mit schuf, mag auch in einer Zeit, die den Sinn für Tragik verloren hat, eine tragische Note haben. Ohnehin war er eher ein Mittler französischer Kultur in Deutschland als deutscher in Frankreich, weswegen er dort heute einen geringeren Bekanntheitsgrad behielt, als man meinen sollte.

Carlo Schmid mag aber auch ein weiteres Beispiel dafür sein, wie schwierig die Vermittlung von Geist und Politik sich in der Praxis ausnimmt. Ein bloßer »Tafelaufsatz im Proletarierhaushalt« der SPD, wie Theodor Heuss boshaft bemerkte, war Carlo Schmid dennoch nicht. Vielmehr liegt hier ein soziologisches Problem, das den sozialen Wandel parlamentarischer Führungsschichten in der modernen Massendemokratie kennzeichnet. Stand der Parlamentarische Rat noch in der Tradition der Paulskirche, so gilt dies in immer geringerem Maß für den Bundestag: Dieser Wandel betraf Heuss nicht weniger als Schmid, beide verkörperten noch in der zweiten Hälfte des 20. Jahrhunderts den Typus des Honoratiorenpolitikers, als längst die Parteipolitiker und -funktionäre dominierten. Heuss und Schmid wußten dies und kultivierten diese Rolle nicht ohne Eitelkeit. Entsprach aber dieser Typus durchaus liberaler Tradition, so keineswegs derjenigen der Sozialdemokraten: Dies machte den »bürgerlichen« Carlo Schmid innerhalb der SPD zu einer singulären Persönlichkeit, verschaffte ihm eine besondere Hochachtung, erklärt aber auch seine politischen Grenzen schon innerhalb der eigenen Partei. Und kaum zufällig war es, daß Schmid sich ein entscheidendes Stück persönlicher Unabhängigkeit dadurch zu bewahren wußte, daß er seinen Frankfurter Lehrstuhl auch während seiner politischen Karriere beibehielt.

Für eine in nationaler Kulturtradition stehende politische Symbolik, für die beide durchaus Sinn besaßen, ist in Deutschland kaum Platz – kaum vorstellbar jedenfalls, daß es hier eine Analogie geben könnte zu der vor wenigen Wochen erfolgten Überführung der sterblichen Überreste André Malraux' ins Pantheon.

Auch für Carlo Schmid gilt die von ihm zitierte »tiefe anthropologische Feststellung« Dantes: »Der Mensch hat eine doppelte Natur; er gehört als Leib der Welt der Vergänglichkeit an und als Geist der Welt des Unvergänglichen.«

Carlo Schmid erhält die Insignien des Großkreuzes der französischen Ehrenlegion vom französischen Botschafter in Bonn, Jean Sauvagnargues, am 2. Dezember 1971.

Moshe Zimmermann

Carlo Schmid als Botschafter
des »anderen Deutschlands« in Israel

Mit einem Mann wie Theodor Oberländer könne er – Carlo Schmid –
sich nicht an einen Tisch setzen. Diese während seines zweiten Besuchs in Israel Ende 1959 gemachte Bemerkung hatte für Carlo
Schmid weitreichende Folgen. Der »alte Kämpfer« Oberländer fühlte
sich beleidigt und strengte gegen ihn eine gerichtliche Klage an.
Der folgende Prozeß dauerte ungefähr zwei Jahre. In dieser Zeit
erlitt Carlo Schmid einen Herzanfall und wurde schließlich durch
das Urteil des Frankfurter Landgerichts schwer getroffen, das ihn
dazu zwang, seine Bemerkung zurückzunehmen, und ihn darüber
hinaus aufforderte, bei seinem nächsten Besuch in Israel für Oberländer eine Ehrenerklärung abzugeben.[1] Es verwundert wohl kaum,
daß die Justiz der Bundesrepublik Deutschland Carlo Schmid durch
dieses Urteil mit Theodor Oberländer auf eine Stufe stellte: Die
»furchtbaren Juristen« der Bundesrepublik sind ein nur allzu be-
kanntes Thema. Darüber hinaus konnte die Relativierung der nationalsozialistischen Verbrechen gerade im juristischen Rahmen
stärker als in der Historiographie zum Ausdruck kommen.[2] Wie
grenzenlos paradox die Situation allerdings war und ist, zeigt der
Versuch des Frankfurter Landgerichts, von dem nationalsozialis-
tisch nicht belasteten Carlo Schmid ausgerechnet in Israel, dem
Staat der Juden, eine Entschuldigung bei einem Nationalsozia-
listen zu verlangen.

Eine derartige Ehrenerklärung für Oberländer von seiten Carlo
Schmids erfolgte bei seinem nächsten Israel-Besuch nicht. Wäre
sie jedoch abgegeben worden, dann hätte sie genau das bewirkt,
was prinzipiell zu vermeiden ist – die Gleichstellung aller Deutschen
im Hinblick auf Last und Schuld der nationalsozialistischen Vergangenheit. Wenn Schmid so schuldig wie Oberländer war, bzw. Oberländer so unschuldig wie Schmid, dann zeigt sich hier entweder
das Fundament einer von vielen Israelis ohnehin behaupteten Kol-

lektivschuld aller Deutschen oder aber die Annahme einer vom rechten Flügel der deutschen Szene behaupteten deutschen Kollektivunschuld. Beide Positionen wurden von Carlo Schmid scharf abgelehnt, da sie jeden Versuch zunichte machen, aus der Geschichte zu lernen.

Bei Schmids zweitem Besuch in Israel, also 1959, stand zunächst für seine Gastgeber aus der israelischen Arbeiterpartei Mapai ein Thema auf der Tagesordnung, das mit der nationalsozialistischen Vergangenheit in keiner Verbindung stand: die Bedeutung des »Godesberger Programms«, das kurz zuvor von der SPD verabschiedet worden war. Für die Arbeiterpartei Mapai war in diesem Zusammenhang Schmids »Rechtstendenz« innerhalb der SPD interessant. Die Kluft zwischen rechts- und linksorientierten Sozialisten in Israel schien sich zu jener Zeit, als Links und Rechts im Parteiensystem vor großen Fusionen standen, tendenziell sogar zu vertiefen. Die »nach rechts tendierenden« Mapai-Sozialisten registrierten von außen kommende Anregungen, wie z. B. die Entwicklungen in der SPD, daher besonders aufmerksam. Am 26. Dezember 1959 erschien in der Zeitung Davar, dem offiziellen, damals in großer Auflage erscheinenden Parteiorgan der israelischen Sozialisten, ein von Nahum Pundak geführtes Interview mit Carlo Schmid.[3] In diesem sehr ausführlichen Interview wurde wiederholt auf die Bedeutung Schmids für die deutsche Politik hingewiesen, wobei auch die Tatsache, daß Schmid Präsidentschaftskandidat war, eine wichtige Rolle spielte. Auch wurde wegen einer möglichen Parallele im israelischen Sozialismus hervorgehoben, daß Schmid von manchen Parteifreunden wegen seiner Unterstützung der nicht-marxistischen Elemente des Godesberger Programms als »Verräter« bezeichnet worden war.

Schmid selber erhielt jedoch insgesamt eher den Eindruck, daß man sich in Israel weniger für die Bedeutung des »Godesberger Programms« als für die Politik interessierte, die die SPD gegenüber Israel betreiben werde, falls sie an die Macht gelangen sollte,[4] ein Eindruck, der nach Schmids Vortrag in der Arbeiter-Akademie »Beth Berl« wohl noch zusätzlich verstärkt worden war. Prinzipiell war Schmid ohnehin der Meinung, Mapai sei eine Partei »ohne Dogma«.[5] Und das in hebräischer Sprache publizierte Interview mit Pundak hatte Schmid nicht im Original lesen können, so daß sein diesbezüglicher Eindruck zusätzlich verstärkt worden sein mag. Doch im nachhinein kann vielleicht der Besprechung des »Godes-

berger Programms« am Rande des Besuches von Carlo Schmid eine
größere Bedeutung beigemessen werden als aus der Perspektive
der beteiligten Zeitgenossen. Letztlich begann zu diesem Zeitpunkt
in Israel ein Prozeß, der mit der Entwicklung der SPD in Deutschland vergleichbar war. Um eine Volkspartei zu werden (oder zu bleiben), mußte Mapai die Fusion mit anderen Arbeiterparteien auf
einer flexibleren Grundlage vorantreiben. Daher weckte das von
Schmid gegebene Beispiel reges Interesse. Was Schmid den israelischen Sozialisten letztlich sagte, hatte eine ungeheure Signalwir-
kung. »Der alte Sozialismus ist tot. Das ›Godesberger Programm‹
ist nicht opportunistisch.«

Nach Stalin war der Ruf des Sozialismus schwer geschädigt, und
die Staatsintervention in der Wirtschaft war nach Hitler unpopulär
geworden. Außerdem sei seit 1945 der Staat in Deutschland weitgehend diskreditiert worden, so erklärte Schmid, um die Wende in
der SPD zu rechtfertigen. In Israel haben sich diese Argumente, wenn
auch mit gewisser Verspätung, ebenfalls durchsetzen können. Hier
wurde die Arbeiterpartei, so wie Schmid es für seine Partei beab-
sichtigte, letztlich immer stärker zu einer liberalen Partei, die auch
mit bürgerlich-liberalen Kräften kooperieren konnte.

Der Vergleich zwischen Israel und Deutschland mit Blick auf Sozialismus und Sozialdemokratie hatte für Schmid und seine Gastgeber eine zusätzliche Bedeutungskomponente: In Israel hatte Mapai
kurz zuvor einen großen Wahlerfolg errungen; die deutsche SPD
dagegen war bereits aus drei Bundestagswahlen als Verliererin
hervorgegangen. Wodurch erkläre sich also der Erfolg einer sozialistischen Partei, wurde Schmid gefragt. Wurde der Erfolg des Sozialismus allein durch eine Verschlechterung der sozio-ökonomi-
schen Lage gewährleistet? Es sei nicht die sozio-ökonomische Lage,
die den Erfolg garantiere, antwortete Schmid; denn in Israel sei
der Sozialismus ja erfolgreich, obwohl sich die sozio-ökonomische
Lage ständig verbessere. Erfolg führe zum Erfolg, meinte er. Damit
könne der Erfolg des Sozialisten Ben Gurion in Israel und der Erfolg des Antisozialisten Adenauer in der Bundesrepublik Deutschland gleichermaßen erklärt werden. Demnach gab es für Schmid
keine zwangsläufige Korrelation zwischen sozialer Misere und so-
zialistischem Erfolg.

Den Davar-Lesern wurde in dem Interview ein weiteres Vergleichs-
element geboten. Schmid hielt nicht Bundeswirtschaftsminister Ludwig Erhard, sondern die »14 Millionen Flüchtlinge aus dem Osten«

für die Ursache des »Wirtschaftswunders«. In Israel klang diese
Interpretation Anfang der 60er durchaus plausibel: Die Massen-
wanderung nach Israel galt nicht mehr als Belastung der Wirtschaft, sondern eher als Garantie für den Aufschwung. Allerdings
waren die jüdischen »Ohm« von ihrer Erziehung und Bildung her
mehrheitlich wohl nicht unbedingt mit den deutschen Flüchtlingen
vergleichbar.

Die nationalsozialistische Vergangenheit wurde in dem Interview nur einmal indirekt angesprochen, als Schmid um eine Stel-
lungnahme zum Krupp-Konzern gebeten wurde. Schmid antwortete in diesem Zusammenhang äußerst sachlich, Krupp beschäftige
100 000 Arbeiter und kooperiere mit den Gewerkschaften. Außerdem würden die Krupp-Werke »keine einzige Kanone mehr produzieren«. Auch Schmids Vortrag an der Hebräischen Universität
Jerusalem, der anders als Konrad Adenauers Besuch auf dem gleichen Campus sechs Jahre später ohne anti-deutsche Demonstra-
tionen verlief, rückte das Thema der »Entwicklung des Menschen-
bildes in der europäischen Geistesgeschichte« und nicht die negativ
belastete deutsche Vergangenheit in den Mittelpunkt.

Hätte das Interview nur einige Tage später stattgefunden, so wäre
die nationalsozialistische Vergangenheit mit Sicherheit in stärkerem Ausmaß als Gesprächsthema zu berücksichtigen gewesen. Es
hatte sich ein konkreter Nachweis für die Fortexistenz national-
sozialistischer Ideen und für die Unbelehrbarkeit des rechten Flü-
gels der politischen Szene in der Bundesrepublik ergeben, der der
eigentliche Anlaß für Schmids eingangs erwähnte Bemerkung über
Theodor Oberländer werden sollte. Am Tage, an dem Schmid seinen zweiten Besuch in Israel antrat, erschienen in den Zeitungen
erste Nachrichten über Hakenkreuzschmierereien in Köln. Während seines Besuchs erreichte die Welle derartiger Vorfälle ihren
Höhepunkt. Schmid bemühte sich, den Israelis und vor allem Ministerpräsident David Ben Gurion klarzumachen, daß trotz dieser
Ausschreitungen das Bild eines »anderen Deutschlands« nicht falsch
sei. Daß Schmid seinen Behauptungen Nachdruck verleihen wollte,
indem er sich von Oberländer distanzierte, war in diesem Zusammenhang nur sinnvoll.

Eine Intervention Schmids in Israel war vor allem deshalb relevant, weil die Gemüter in Israel seit Juni 1959 infolge einer anderen »deutschen Angelegenheit« erregt worden waren; israelische Waffenlieferungen an die Bundesrepublik Deutschland, die von

der israelischen Regierung genehmigt worden waren, kamen unter Beschuß der Opposition.[6] Da auch die Linkssozialisten in der Regierung gegen diese Waffenlieferungen protestiert hatten, war es zum Rücktritt der Regierung Ben Gurions gekommen. Bei den Neuwahlen kurz vor Schmids Besuch zeigte sich allerdings, daß die Waffenlieferungen an Deutschland keinen allzu hohen Stellenwert für die israelische Innenpolitik besaßen. Ben Gurions Partei schnitt besser ab als jemals zuvor. Deshalb erlaubte sich Ben Gurion selbst zu einer Zeit, als die Hakenkreuzschmierereien in Deutschland zum zentralen Diskussionsthema wurden, in der Knesset, dem israelischen Parlament, auf die Frage aus der Opposition, ob Israel weiterhin Waffen an Deutschland verkaufen werde, mit einen unwirschen »Ja« zu antworten.[7]

In der Öffentlichkeit bot allein das Thema »Antisemitismus in Deutschland« außerhalb des Kontextes der Waffenlieferungen reichlich Grund zur Aufregung. Doch Ben Gurion blieb konsequent: Als die Knesset sich mit diesem Thema am 5. und 20. Januar 1960 befaßte, zitierte Ben Gurion Carlo Schmids Behauptungen über die neue Einstellung der deutschen Jugend expressis verbis, um u. a. den von Rabbiner Nurok geprägten Formeln vom »Volk der Mörder« und von »Deutschland als dem klassischen Land des Antisemitismus seit dem Mittelalter« entgegenzutreten.[8] Diese Formel war für Ben Gurion eine »rassistische Floskel«, wenn sie auf die Deutschen der Gegenwart angewendet werde. »Von einem Mann, dem ich viel Glauben schenke und von dessen menschlicher Ehrlichkeit ich überzeugt bin, Carlo Schmid, hörte ich, daß nach seiner Meinung das Manko darin steckt, daß die Jugend zu pazifistisch ist, leichtfertig pazifistisch«, so Ben Gurion, der vorher die Gelegenheit hatte, sich mit Schmids Tochter unter vier Augen über die Jugend im »anderen Deutschland« zu unterhalten. Und als Antwort auf Vorwürfe aus den kommunistischen Reihen in der Knesset fuhr Ben Gurion fort: »Ich verlasse mich auf einen Mann, vor dem ich viel Respekt habe, Carlo Schmid, auch wenn er Deutscher ist. Er ist kein Kommunist, sondern Sozialist.«[9]

Zurück in Bonn hatte Schmid am 20. Januar 1960 die Bundestagserklärung zu den antisemitischen Vorfällen zu verlesen: Diese Vorfälle, so hieß es in der Erklärung, seien eine Schande für Deutschland, und die Tatsache, daß die Welle sich auch außerhalb Deutschlands ausgeweitet hätte, könne keineswegs als Entlastung für die Deutschen akzeptiert werden.[10]

Daß man in Israel überhaupt bereit war, auf Schmid zu hören, hing erstens mit der prinzipiellen Sympathie der damaligen Elite für die deutsche SPD, aber auch mit den Aussagen Schmids während seines ersten Besuches in Israel im April 1958 zusammen. Bei diesem Besuch hatte Schmid als Gast bei den Feierlichkeiten anläßlich des 10jährigen Bestehens des Staates Israel betont, daß man das deutsche Volk nicht von der Verantwortung für die Untaten des Dritten Reichs exkulpieren könne, und erklärt, auch »die im Sinn des Strafrechts Unschuldigen in unserer Nation haften solidarisch für alles, was in ihrem Namen geschehen ist«.[11] Die kollektive Verantwortung wurde somit von Schmid durchaus unterstrichen. Es war aber nicht nur dieses Schuldbekenntnis gewesen, das ihm Respekt verschafft hatte. Bereits bei diesem ersten Besuch hatte Schmid sich Ben Gurion gegenüber voller Bewunderung über die Art der Entstehung der neuen jüdischen Nation in Israel geäußert. Ben Gurion hatte sich davon stark beeindruckt gezeigt.[12] Auch in Deutschland hatte Schmid seine Eindrücke von dem jüdischen Volk als einem Volk im Sinne Hölderlins veröffentlicht, ein geistiges Volk, das sich vom Diasporajudentum unterscheiden werde. Diese Eindrücke entsprachen der Selbstdarstellung des zionistischen »neuen Juden« in Israel, und diesbezügliche Äußerungen waren hier selbstverständlich sehr willkommen.[13] Schmid überreichte Israel gewissermaßen sein »Geburtstagsgeschenk«, indem er zunächst erklärte, Absicht seines Besuches sei zu sehen, wie ein altes Volk es vollbringe, einen neuen Staat und eine neue Gesellschaft aufzubauen, um dann zur Schlußfolgerung zu gelangen: »Wäre ich Jude, wäre ich hiergeblieben.«[14] Diese Aussage war, insbesondere im Kontext des Shoah, in Israel hoch willkommen, weil sie als Bestätigung für die israelische Staatsideologie aufgefaßt und verstanden werden konnte. Allerdings sollten wir uns heute fragen, ob mit diesem Kompliment nicht implizit auch gesagt wurde, daß ein deutscher Jude Israel als Wohnort Deutschland vorziehen solle? Zu einem ähnlichen Ergebnis waren aber auch viele Antisemiten vor dem Weltkrieg gekommen. Daß Schmids Gesdanken selbst nicht in diese Richtung gingen, zeigte sein Aufruf an die Deutschen, die kleine jüdische Minderheit zu integrieren und so zur Fortsetzung der deutsch-jüdischen Symbiose der Vergangenheit beizutragen.[15]

Carlo Schmid war einer der ersten deutschen Politiker überhaupt, die mit israelischen Politikern Kontakt aufnehmen konnten. Während einer Tagung der Interparlamentarischen Union in Istanbul im Jahre 1950 sprach sich der Leiter der israelischen Delegation, Itzchak Ben Zvi, ein enger Freund Ben Gurions, der zwei Jahre später Staatspräsident werden sollte, vehement gegen die Teilnahme der deutschen Delegation aus. »Eine furchtbare Rede«, wie Schmid sich später erinnert hat, »böse Worte.«[16] Es war die Reaktion Carlo Schmids, der zwar die Haltung der israelischen Delegation kritisierte – »Dieser Kongreß ist kein Tribunal«[17] –, aber die Verantwortung des deutschen Kollektivs für die nationalsozialistische Vergangenheit bekundete, die dann den Weg zu einem Treffen zwischen der deutschen und der israelischen Delegation ebnete. Bei diesem Treffen sprach sich Schmid als Leiter der deutschen Delegation für »Entschädigungsleistungen« aus, die die Bundesrepublik Deutschland als Erbin des Dritten Reichs den Juden schuldig sei. »Wir wußten, daß dadurch keine Schuld verkleinert werden« konnte, die Delegation wußte aber auch, daß dies dazu beitragen werde, »das Gewissen der Deutschen zu entlasten.«[18] Die israelischen Abgeordneten verpflichteten sich, in der Knesset eine Debatte über deutsche Reparationszahlungen an Israel anzuregen. Als das Thema im Februar 1951 auf der Tagesordnung des Bundestages stand, wiederholte Schmid die »besondere moralische Verpflichtung Deutschlands zur Wiedergutmachung den Juden gegenüber« und schlug vor, den Staat Israel »für berechtigt zu halten, Kollektivansprüche des jüdischen Volkes zu vertreten ..., weil der Staat Israel ... als legitimiert angesehen wird, für alle Juden zu handeln«.[19]

Als Vertreter der Bonner Opposition hatte Schmid die Bewegung »Frieden mit Israel« unterstützt und in diesem Kontext versucht, die Regierung zu einer positiven Entscheidung zu bewegen. Darüber hinaus trug Schmid dazu bei, daß die Regierungserklärung über die Verantwortung Deutschlands für die nationalsozialistischen Verbrechen keinen evasiven Charakter aufwies. »Ich habe als Vorsitzender des Auswärtigen Ausschusses ... einen Entschluß des Ausschusses durchgesetzt, daß moralische Verpflichtungen den Vorrang vor allen rechtlichen Verpflichtungen hätten ... Damit war ... der letzte Bann gebrochen, und die Verhandlungen konnten zu dem bekannten Erfolg geführt werden.«[20] Nach der Unterzeichnung des »Wiedergutmachungsabkommens« Ende 1952 setzte Schmid sich für die praktische Implementierung des Abkommens ein, »wobei er die Verzögerungstaktik der Behörden bei der Umsetzung zutiefst bedauerte«.[21] In der Bundestagsdebatte (1953) über die Rati-

fizierung des Luxemburger Abkommens über die »Wiedergutma-
chungszahlungen« war es wiederum Schmid, der die Erklärung im
Namen der SPD abgab und der seine bereits erwähnte Position
vom Februar 1951 hier noch einmal bekräftigte.

Die Frage nach den Konsequenzen für die Beziehungen Deutsch-
lands zur arabischen Welt begleitete sowohl die Überlegungen der
Bundesregierung als auch der SPD und Schmids im Kontext der
Wiedergutmachung an Israel. Bereits auf der Tagung in Istanbul
1950 wurde Schmid mit arabischen Vertretern konfrontiert, die am
Ende seiner Rede (zu Schmids großem Unbehagen) applaudier-
ten[22] und ihm im Anschluß sagten, die Deutschen »sollten doch den
Juden einmal zeigen, was eine Harke ist und die Juden auf diesem
Podium hier als die Feinde der Menschheit denunzieren« – ein nicht
untypischer Versuch, eine unheilige Allianz zwischen Deutschen und
Arabern gegen »die Juden« zustande zu bringen. Schmid blockte
diesen Versuch ab, da »wir nicht auf ihrer Seite standen«.

In der Diskussion um die Ratifizierung des Luxemburger Abkommens im März 1953 spürte man jedoch deutlich, daß auch in der
SPD der arabische Druck zunehmend eine Rolle spielte. Die Formulierung Schmids in seiner diesbezüglichen Bundestagsrede nahm
auf die Interessen Deutschlands in der arabischen Welt Rücksicht,
ohne die Wiedergutmachung oder das Abkommen mit Israel selbst
anzutasten. Schmid bedauerte zwar die nicht »ausreichende gleich-
zeitige Unterrichtung der arabischen Staaten«, wodurch Schwierigkeiten hätten vermieden werden können, die in den Beziehungen
zu diesen Staaten aufgetreten waren. Im selben Atemzug kritisierte Schmid aber auch die Interessenkreise in Deutschland, die
versuchten, »das Zustandekommen und die Ratifizierung des Abkommens mit Israel zu verhindern«.[23] Diese Rede Schmids deutet
im Ansatz auf das hin, was sich hinter den Kulissen zum Thema
»Shilumim« abgespielt hatte, zeigt daneben jedoch sehr deutlich
seine prinzipielle Haltung.

Ob die Aktivität Schmids in Sachen »Shilumim« – also der Wie-
dergutmachungszahlungen – entscheidend war, sei dahingestellt –
die politische Hauptverantwortung trug selbstverständlich die damalige Bundesregierung. In Israel hatte die Haltung Schmids und
der SPD vor und während der Abstimmung jedoch den klaren Eindruck hinterlassen, daß eher die im Dritten Reich verbotene SPD
eine Garantie für ein »anderes Deutschland« biete, denn nur die SPD
hatte geschlossen für das Abkommen gestimmt. – »Eine Demon-

stration ihrer Einstellung zu Israel und ihres geschichtlichen Ver-
antwortungsbewußtseins«, meinte Felix Shinnar, der damalige israelische Chefunterhändler.[24]

Daß es zur Aufnahme diplomatischer Beziehungen zwischen Israel und der Bundesrepublik erst mehr als 15 Jahre nach der Gründung der beiden Staaten und zwölf Jahre nach der Ratifizierung
des »Wiedergutmachungsabkommens« gekommen ist, lag erstaun-
licherweise nicht in einer ablehnenden Haltung Israels begründet,
sondern resultierte u. a. aus der Hallstein-Doktrin, die Mitte der fünfziger Jahre zur allgemeinen Richtlinie geworden war. Während
der gesamten Regierungszeit Konrad Adenauers blieben die Beziehungen zwischen beiden Staaten auf einer informellen Ebene. Das
Thema wurde allerdings von Politikern oder der Öffentlichkeit – ohne
praktische Folgen – bei verschiedenen Gelegenheiten aufgegriffen.
So betonten israelische Zeitungen, z. B. zu Beginn des Hakenkreuz-
skandals in Köln 1959 und kurz nach der Waffenlieferungsaffäre,
die aus der Rücksicht auf die Beziehungen zur arabischen Welt re-
sultierende ablehnende Haltung der Bundesregierung gegenüber
einer Aufnahme diplomatischer Beziehungen mit Israel.[25] Die Ge-
genüberstellung des Aufflammens des Antisemitismus in der Bundesrepublik Deutschland und das Fehlen von diplomatischen Beziehungen zu Israel veranlaßte Schmid in seinem Bericht über den
Israel-Besuch vor dem Bundestagsausschuß auch auf die Frage
dieser Beziehungen einzugehen. Der Vorschlag einer Aufnahme
diplomatischer Beziehungen wurde von dem Ausschuß nicht erörtert. Die über die Sitzung informierte israelische Presse teilte ihren
Lesern jedoch mit, daß der Vorschlag im Ausschuß von der Regie-
rungspartei abgelehnt worden war.[26] So oder so – in diesem Sta-
dium des Kalten Krieges und der Regierung Adenauers war die Zeit
für derartige Beziehungen nicht reif. Adenauer war allein bereit,
sich einige Monate später in New York im Rahmen seiner Amerika-
politik mit David Ben Gurion zu treffen und Israel finanzielle Unterstützung zu gewähren.

Als Carlo Schmid im Mai 1964, also sechs Jahre nach seinem ersten Besuch, wieder nach Israel kam, waren David Ben Gurion und
Konrad Adenauer bereits nicht mehr im Amt. Auch dieser Besuch
erfolgte nach einer heftigen Debatte über die Deutschlandfrage in
Israel. Diesmal ging es um deutsche Wissenschaftler bzw. Berater,
die am Raketenbau in Ägypten beteiligt waren. Schmid selbst hatte
ein Jahr zuvor einen Gesetzentwurf initiiert, nach dem es Deutschen

verboten werden sollte, sich an der Entwicklung und Herstellung von zum Kriege im Ausland bestimmten Waffen zu beteiligen,[27] ein Gesetz, das nach Schmids Tod in den 80er Jahren u. a. während des Golfkrieges wieder aktuell wurde.

Für die israelische Öffentlichkeit war zu dieser Zeit die Frage der Verjährung der nationalsozialistischen Verbrechen in der Bundesrepublik, zu der Schmid eine klare Position bezog, ebenso relevant wie die neue Frage der deutschen Waffenlieferungen an Israel. Hier vertrat Schmid in seiner Partei eher eine Minderheit. Prinzipiell waren Waffenlieferungen – vor allem an einen Gegner der Dritten Welt, und als solcher galt Israel seit 1954 – bei der SPD nicht populär. Mehr noch: Die im Zusammenhang mit der Frage der Waffenlieferungen ausgesprochene Drohung der Araber, die DDR anzuerkennen, setzte auch die SPD unter Druck, die sich auf die Wahlen oder gar auf einen Wahlsieg vorbereitete. Hier stand Schmid konsequent auf der Seite Israels und war bereit, auch den Abbruch diplomatischer Beziehungen mit arabischen Staaten in Kauf zu nehmen, eine Position im Gegensatz zur Meinung des später Israel gegenüber durchaus freundlich eingestellten SPD-Politikers Herbert Wehner.[28] Diplomatische Beziehungen zu Israel seien nötig, meinte Schmid, um auf die Vorwürfe der Israelis gegen die deutsche Politik antworten zu können.

Kurz danach wurde die Frage der diplomatischen Beziehungen zu Israel akut. Nach einem Besuch Ulbrichts in Ägypten war die Hallstein-Doktrin praktisch außer Kraft gesetzt, die Nachgiebigkeit der Bundesrepublik Deutschland der arabischen Welt gegenüber erwies sich als zwecklos. Schmid riet Bundeskanzler Erhard am 5. März 1965, die diplomatischen Beziehungen zu Ägypten abzubrechen, um die Aufnahme der Beziehungen mit Israel zu ermöglichen. Daß die Aufnahme der Beziehungen mit Israel auch von Kreisen innerhalb der CDU, darunter von Rainer Barzel, angeregt worden war und daß diese Beziehungen letztlich auf Druck bzw. Wunsch der Vereinigten Staaten aufgenommen wurden, verringert keineswegs den Wert des Beitrags, den Schmid – zum Teil auch gegen die in der eigenen Partei herrschende Meinung – dazu geleistet hat.

Am 7. März 1965 gab die deutsche Regierung ihre Bereitschaft bekannt, mit Israel diplomatische Beziehungen aufzunehmen. Am 16. März stimmte die Knesset mit 66 gegen 29 Stimmen der Cherut-Partei, der Linkssozialisten und Kommunisten ihrerseits der Aufnahme der diplomatischen Beziehungen zu. Wäre Schmid, wie von

David Ben Gurion, Ministerpräsident a. D., damals vorgeschlagen,
zum ersten deutschen Botschafter in Israel ernannt worden, so
wäre ihm, der kurz vor dem Ende seiner politischen Karriere stand,
mindestens poetisch Gerechtigkeit zuteil geworden. In der Politik
ist diese Art Gerechtigkeit jedoch eher selten. Vielleicht war es
aber auch ein Glück, daß Schmid nicht Botschafter in Israel wurde:
In der Zeit nach der Besetzung der West-Bank 1967 wäre es gerade
für einen so eindeutigen Freund Israels äußerst schwierig gewesen,
als Botschafter eine ausgewogene, d. h. Israel gegenüber kritische
Diplomatie zu betreiben. Wie sich die israelischen Politiker ihm gegenüber verhalten hätten, zeigen bereits die Gespräche, die Mini-
sterpräsidentin Golda Meir mit Schmid während seines letzten Besuches in Israel im Jahre 1971 führte.[29] Man hätte versucht, über
den israelfreundlichen Politiker auf die sozial-liberale Bundesregierung Druck auszuüben und Schmid als Keil zwischen Deutschland und Frankreich zu treiben, das hinter dem gegen die Besat-
zung gerichteten »Schumann-Papier« stand. Die Bäume, die man
im Jerusalem-Wald anläßlich von Schmids 75. Geburtstag als Zei-
chen des Dankes pflanzte, waren letztlich ein besserer Weg, die Beziehungen zwischen Schmid und Israel feierlich zu würdigen.

In der Geschichtsschreibung und in den Berichten und Beobach-
tungen der Zeitzeugen, die sich mit den Beziehungen zwischen
dem Nachkriegsdeutschland und Israel befassen, steht auf deutscher Seite selbstverständlich die Regierung und die Politik der Re-
gierungspartei als Verantwortungsträger im Mittelpunkt. Schmid,
der sich bis 1966 in der Opposition befand und dann ziemlich bald
an den Rand der Macht gedrängt wurde, erhielt daher in diesem
Zusammenhang weniger Aufmerksamkeit als Konrad Adenauer
oder Willy Brandt. Die Geschichte der Beziehungen zwischen der
SPD und Israel ist bisher in der Geschichtsschreibung allerdings
noch nicht ausreichend behandelt worden. Doch auch in diesem
Kontext ist Schmid nicht die bekannteste Figur. Zweifellos hat er
eine wichtige und besondere Rolle in dieser Geschichte gespielt. Er
war für Ben Gurion der lebende Beweis für die Existenz eines »anderen Deutschlands«. Carlo Schmid gegenüber konnte Ben-Gurion
offen sein und zugeben, er möge es nicht, »daß auf alles gescholten
werde, was von Deutschland ausgehe«. Und Carlo Schmid gegenüber konnte Ben Gurion zugeben, was man in Israel nur ungern
hört: »Schließlich ist der Zionismus ja auch als Kind der deutschen
Romantik auf die Welt gekommen.«[30]

Anmerkungen

1 Petra Weber, Carlo Schmid 1896–1979, München 1996, S. 616 f.
2 Ingo Müller, Furchtbare Juristen, München 1987; Jörg Friedrich, Freispruch für die Nazi Justiz, Reinbek 1983.
3 Nahum Pundak, »Professor Carlo Schmid« (hebr.), in: Davar, 26.12.59, S. 15
4 Shlomo Shafir, An Outstreched Hand. German Social Democrats, Jews and Israel 1945–1967, Tel Aviv 1986, S. 110
5 Carlo Schmid, Erinnerungen, Bern München Wien 1979, S. 645
6 David Ben Gurion, The Restored State of Israel (hebr.), Bd. 2, Tel Aviv 1969, S. 579 ff.
7 Davar 27.1.1960 – Ben Gurion an Landau. Am selben Tag wurde auch der Vorschlag abgelehnt, Besuche von deutschen Politikern zu verbieten.
8 Divre HaKnesset Bd. XXXVIII, 20.1.1960, S. 420; Schmid, Erinnerungen (Anm. 5), S. 638 f., 646 f.
9 Divre HaKnesset, ebd.
10 Bericht über die Bundestagssitzung mit Foto von Schmid in: Davar, 21.1.1960
11 Davar, 22.4.1958, S. 4; Rolf Vogel (Hg.), Deutschlands Weg nach Israel, Stuttgart 1967, S. 146
12 Shafir, Outstreched Hand (Anm. 4), S. 108
13 Carlo Schmid, »Fortschritte in Israel«, in: Frankfurter Neue Presse, 4.6.1958
14 Davar, 22.4.1958
15 Shafir, Outstreched Hand (Anm. 4), S. 108
16 Schmids Bericht in: Rolf Vogel (Hg.), Weg nach Israel (Anm. 10), S. 19; Erinnerungen (Anm. 5), S. 506 f.
17 Ebd.
18 Ebd.
19 Nana Sagi, German Reparations. A History of the Negotiations, New York 1986, S. 37 f.; Vogel, Weg nach Israel (Anm. 10), S. 89
20 Vogel, Weg nach Israel (Anm. 10), S. 21, vgl. Shafir, Outstreched Hand (Anm. 4), S. 86, über ein Gespräch zwischen Schmid und Jachil, dem Vertreter des israelischen Außenministeriums.
21 Weber, Carlo Schmid (Anm. 1), S. 469 f.
22 Schmid, Erinnerungen (Anm. 5), S. 507
23 Vogel, Weg nach Israel (Anm. 10), S. 90
24 Felix E. Shinnar, Bericht eines Beauftragten. Die deutsch-israelischen Beziehungen 1951–1966, Tübingen 1967, S. 66
25 Ha'Aretz, 27.12.1959
26 Davar, 22.1.1960
27 Schmid, Erinnerungen (Anm. 5), S. 768
28 Weber, Carlo Schmid (Anm. 1), S. 692
29 Weber, Carlo Schmid (Anm. 1), S. 744 f. Eine lange Rede über die exklusiven Rechte der Juden auf das Land hatte Schmid bereits 1964, also vor dem Sechs-Tage-Krieg, von Golda Meir zu hören bekommen; vgl. Schmid, Erinnerungen (Anm. 5), S. 767
30 Schmid, Erinnerungen (Anm. 5), S. 639

Anmerkung der Redaktion:
Moshe Zimmermann war am Tag des Symposions kurzfristig verhindert. Er stellte seinen Tagungsbeitrag für die Publikation zur Verfügung.

Diskussion der Vorträge

Rudolf Morsey
Zunächst ist das Verhältnis Carlo Schmids zu seiner eigenen Partei zu beleuchten. Hierbei spielen Kurt Schumacher und Herbert Wehner herausragende Rollen. Welche Stellung nahm Carlo Schmid innerhalb der SPD ein?

Eine zweite Diskussionsrunde könnte sich mit Carlo Schmid als »gemäßigter Föderalist« befassen, vornehmlich mit seiner Haltung im Parlamentarischen Rat. Wilhelm Hennis hat die provozierende These geäußert, das Grundgesetz hätte bei einer möglichen Präsidentschaft Schmids im Rat anders aussehen können. Hierher gehört auch die Erörterung der Provisoriumstheorie von Carlo Schmid.

Als drittes Thema sollte die Spannung zwischen Nation und Europa erörtert werden, die gern mit plakativen Begriffen umschrieben wird. Horst Möller hat diese Spannung, die Carlo Schmid vermutlich in sich selbst getragen hat, differenziert.

Schließlich wäre seine Rolle in der Deutschlandpolitik zu diskutieren. War er Vordenker in der Auseinandersetzung um die Anerkennung der DDR und der Oder-Neiße-Grenze? Oder war er vor allem in seiner eigenen Partei ein unbequemer Querdenker? Hat schließlich Willy Brandt das, was Schmid vorgedacht hat, übernommen?

Selbstverständlich sind auch andere Themen anzusprechen. Das Verhältnis zu seiner Partei hat Wilhelm Hennis pointiert dargelegt. War Carlo Schmid ein Sozialist?

Wilhelm Hennis
Er war kein Sozialist im üblichen Sprachgebrauch. Der Kultursozialismus war ihm wichtiger als der ökonomische Sozialismus des Marxismus. Sein Sozialismus war der Sozialismus des uneingelösten dritten Versprechens der französischen Revolution. Die Brüderlich-

keit, die *fraternité* ist nicht eingelöst worden. Alle bemühen sich nach dem herrlichen Bild von Toqueville, die große Kette, an der die Menschen Hand in Hand von oben bis unten hingen, die nun im Zeitalter der Gleichheit zerrissen ist – alle Freien und Gleichen stehen nun als einzelne nebeneinander –, neu zu verbinden. Alle Menschen sollen Brüder werden. Dies ist nicht realisiert und sicher eine Utopie. Tief untergründig hatte Carlo Schmid vielleicht eine solche Vorstellung. Daß sich diese Idee politisch umsetzen ließe, hat er sicher nicht geglaubt. Er war aber nicht in der falschen Partei. In keiner anderen als der SPD hätte er sein können.

Horst Möller
Die humanitären Grundlagen oder der Humanismus seines politischen Denkens wären auch in allen anderen demokratischen Parteien denkbar gewesen. Politiker müssen zwar bestimmte Grundlagen ihrer Partei anerkennen bzw. sich an Beschlüsse halten, wenn sie wirken wollen, auch dann, wenn sie diese nicht mitprägen können. Doch eine Persönlichkeit wie Carlo Schmid konnte kaum hundertprozentig mit einer parteipolitischen Programmatik übereinstimmen.

Selbst Theodor Heuss war nicht typisch für die FDP. Dieser Politikertypus ist denkbar in allen Parteien, auf keine beschränkt und in allen selten. Er wird in Einzelfragen zur Programmatik seiner Partei immer querliegen, weil es sich bei diesem Typus nicht um Dogmatiker handelt.

In der praktischen Politik bleibt zu fragen, warum Carlo Schmid in der Außenpolitik – immerhin war er anfangs Vorsitzender des außenpolitischen Ausschusses – so schnell an Bedeutung als einer der führenden Außenpolitiker verloren hat. Seine außenpolitischen Konzepte legen die Frage nahe, ob er in anderen Parteien sogar mehr Spielraum gehabt hätte.

Wilhelm Hennis
Carlo Schmid hätte in verschiedenen Koalitionen als Minister mitwirken können, wenn in Deutschland z. B. das französische Regierungssystem mit Koalitionsmöglichkeiten in alle Richtungen möglich gewesen wäre. In der CDU wäre er jedoch allein wegen der damals ungeheuren Bedeutung der Konfessionsschulfrage undenkbar gewesen. In die FDP hätte er wegen seines linksbürgerlichen antikapitalistischen Affektes nicht gepaßt.

Die meisten anderen Politiker, z.B. Theodor Heuss oder Thomas
Dehler, hatten vor 1933 im Gegensatz zu Carlo Schmid eine politische Vorgeschichte. Schmid war Republikaner, aber kein Sozialist
gewesen. So hätte sich ihm nach 1945 einzig die FDP als Alternative bieten können. Doch diese war für ihn, insbesondere in Württemberg, eine langweilige Honoratiorenpartei. Wenn Carlo Schmid
überhaupt in eine Tradition vor 1945 hineinpaßte, dann in den
Kultursozialismus der älteren SPD, auch wenn dieser wenig Einfluß auf die praktische Politik hatte.

Rudolf Morsey
Wie ist in diesem Zusammenhang eine Wendung von Carlo Schmid
vor 1949 einzuordnen, daß er sich wie ein »von Kurt Schumacher
geprügelter Hund« vorkomme? Hätte er diesen Vergleich auch auf
Herbert Wehner anwenden können?

Petra Weber
Carlo Schmids Verhältnis zu Kurt Schumacher und zu Herbert Wehner war ähnlich. Er bewunderte beide, vor allem Kurt Schumacher
wegen seines Führungswillens und seiner Leidensfähigkeit. Aber
er fürchtete auch beide. Er mag sie mitunter gehaßt haben wegen
ihres außenpolitischen Irrweges, den beide der Partei zu gehen be-
fahlen. Gegenüber Kurt Schumacher konnte er sich nicht durchsetzen, da er in der Partei Charisma hatte. Wenn auch Schumachers
politischer Kurs in der SPD nicht immer Beifall fand, so war er doch
als Parteivorsitzender unumstritten. Wenn Carlo Schmid seine
Meinung offiziell auf dem Podium vertreten hätte, daß er für den
Europaratsbeitritt und die Montanunion sei, wäre ein Riß durch
die Partei gegangen. Das wollte Carlo Schmid nicht, weil er Weimar
erlebt hatte. Daher mußte er sich gegenüber Schumacher zwangsläufig zurückhalten.
Gegen Herbert Wehner konnte er sich aus anderen Gründen nicht
durchsetzen. Wehner galt in der SPD als Sachverständiger für Fragen des Kommunismus und die Entwicklung der Sowjetunion und
Osteuropas, wenngleich seine Einschätzungen der dort vor sich ge-
henden Entwicklungen nicht immer zutrafen. Es ist schwierig zu
sagen, warum Wehner sich ein so großes Ansehen in der Partei bereits in den fünfziger Jahren schaffen konnte. Diese Fragen werden am besten Wehners politische Weggefährten beantworten können.

Rudolf Morsey
Carlo Schmids Mitarbeit im Parlamentarischen Rat wird häufig als einer der Höhepunkte seines politischen Wirkens bezeichnet. Die Beteiligung der Länder konnte er jedoch nicht nach seinen Vorstellungen durchsetzen. Sie erhielten mehr Kompetenzen, als ihm vorschwebte.

Wilhelm Hennis
Konrad Adenauer und Carlo Schmid waren für eine Senatslösung, gewissermaßen für das amerikanische System. Die einzelnen Bundesländer sollten aus den Landtagen heraus zwei oder mehrere Repräsentanten in den Bundesrat entsenden. Carlo Schmid hatte die Vorstellung, in Deutschland könne eine senatorische Schicht in der Politik entstehen, nicht von Berufspolitikern, sondern vielmehr von Staatspolitikern, die über den Parteien standen.

Diesen Typus gibt es bekanntlich in Frankreich und in Italien. In Deutschland hätte er entwickelt werden müssen, da es ihn bei uns – anders als in Frankreich, Italien und England – als Folge der deutschen Art, die alte Adelsherrschaft abzulösen, nicht gab. Nach 1815 blieben die in Deutschland zum Hohen Adel zählenden Personen zwar reiche Privatleute, bemühten sich aber, im Gegensatz zu Frankreich und Italien, niemals um die Macht unter den neuen Bedingungen. Die überließen sie den Landesherren und Beamten. Carlo Schmid hatte die utopische Vorstellung, daß eine Senatslösung zur Entwicklung einer Führungsschicht nicht gegen die Parteien, sondern neben den Parteien hätte führen können. In einer Allianz des bürokratischen Sozialdemokraten Walter Menzel und des extremen Föderalisten Hans Ehard ist die Senatslösung verhindert worden – zum großen Ärger auch von Konrad Adenauer.

Heute gibt es in den Ländern polarisierte Regierungen wie auf der Bundesebene. In der ersten Zeit nach dem Zweiten Weltkrieg regierten fast überall große Koalitionen.

Die SPD beanspruchte den Vorsitz im wichtigen Hauptausschuß des Parlamentarischen Rates statt des – wie sie meinte – nur repräsentativen Amtes des Präsidenten. Aber Konrad Adenauer hat es verstanden, als Präsident Kontakte zu den Besatzungsmächten zu knüpfen, die bis dahin im wesentlichen die Ministerpräsidenten hatten. Adenauer hat als gewählter Repräsentant des Parlamentarischen Rates die Zugänge zu den eigentlichen Machthabern, zu den Besatzungsmächten, gehabt. Wenn Carlo Schmid Präsident des Par-

lamentarischen Rates gewesen wäre, wenn es einen nur wenig anderen Wahlausgang gegeben hätte – bekanntlich war es die Politik
Kurt Schumachers, die 1949 die SPD nicht zur stärksten Partei werden ließ –, wäre vielleicht eine andere Koalition als die von Adenauer von Beginn an erstrebte zustande gekommen. Dann hätte
Carlo Schmid vielleicht der erste Bundeskanzler werden können,
weil die anderen Parteien Kurt Schumacher kaum akzeptiert hätten.

Rudolf Morsey
Wann hat Carlo Schmid die Provisoriumstheorie aufgegeben?

Petra Weber
Aufgegeben hat Carlo Schmid die Provisoriumstheorie nie, doch im
Parlamentarischen Rat mußte er sie zurücknehmen. Er sprach –
übrigens bis 1969 – von einem Staatsfragment, nicht mehr von
einem Organisationsstatut, das er anfangs schaffen wollte. Willy
Brandt hat hierauf seine Deutschland- und Ostpolitik aufgebaut.
Weil er die beiden deutschen Staaten als Übergangsgebilde verstand, als zwei Staaten in einer Nation, blieb das Dach bestehen für
die deutsche Einheit, an der Carlo Schmid immer festhielt. Die
deutsche Einheit in einem vereinigten Europa war seine große Vision.

Rudolf Morsey
Hat Carlo Schmid sich während seiner Zeit im Parlamentarischen
Rat mit staatlichen oder Parteigremien in Württemberg oder Tübingen verständigt, oder hat er ausschließlich selbständig in Bonn
agiert?

Otto Borst
Im wesentlichen hat er selbständig agiert. Immer wieder wurden
während der Sitzungen Fragen auch aus Stuttgart und Tübingen
gestellt, doch Carlo Schmids Leistung im Parlamentarischen Rat ist
eine unverwechselbar individuelle.

Rudolf Morsey
Wie ist das Verhältnis zum CDU-Regierungschef Gebhard Müller zu
beschreiben, der Carlo Schmid in den Parlamentarischen Rat gebracht hat?

Otto Borst

Das Verhältnis war wohl nicht so eng wie zu Theodor Heuss. Beide verband, gern Jurist zu sein, und der Wunsch, einmal auf dem Land leben zu können. Carlo Schmid wäre, wie er in seinen Lebenserinnerungen schreibt, gern Amtsgerichtsrat in Tettnang gewesen.

Rudolf Morsey

Dies erinnert an Adenauers Lebensziel, Notar auf dem Land zu werden. – Nun der Sprung nach Europa: Gibt es einen Gegensatz zwischen dem Europäer und dem »Abendländer« Carlo Schmid?

Horst Möller

Die politische Option und die kulturelle Orientierung von Carlo Schmid fallen auseinander. Er befaßte sich ausschließlich mit dem von ihm politisch kritisierten Konzept der Europapolitik, entwickelte aber kein klares Gegenmodell. Bereits seit dem Beginn der fünfziger Jahre hielt er nicht nur wegen einer anderen Option in der Westorientierung, nicht nur wegen einer anderen Haltung in der Deutschlandpolitik, sondern aus prinzipiellen Gründen immer an Europa fest. Sein individuelles kulturelles Interesse beschreibt dies jedoch nicht hinreichend. Hierin liegt ein gewisser Widerspruch, der vielleicht zur Klärung beiträgt, warum seine europapolitischen Zielsetzungen nicht durchschlagender waren. Trotz glänzender Rhetorik blieb Carlo Schmids Europapolitik seltsam konturlos.

Sein Verhältnis zu Charles de Gaulle war ebenso ambivalent. Einerseits bewunderte er de Gaulle. Carlo Schmid hatte viel Verständnis für die spezifische Disposition der französischen Denktradition, die auch de Gaulle trotz all seiner Individualität beeinflußt hatte. Er schätzte im Prinzip de Gaulles Politik, er hielt sie für zukunftsorientiert. Doch andererseits entsprach sein Konzept vom Europa der Vaterländer, insbesondere die Dominanz der französischen Politik in einem Kerneuropa, nicht Carlo Schmids politischer Zielsetzung, die einerseits die Hegemonie einer Nation ablehnte, andererseits sich nicht auf weinige Mitgliedsstaaten beschränkte.

Deswegen bemerkt er auch zu Pierre Dubois: »Er ist zwar der Erfinder des Völkerbundes, der Vereinigung Europas, aber doch mit französischer Vorherrschaft.« Diese Politik stimmte mit Carlo Schmids Europakonzeption nicht überein.

Das Verhältnis zwischen Carlo Schmid und den französischen Sozialisten ist überraschend. Er hatte zwar – allein schon amtsbedingt –

viele Kontakte, entfaltete jedoch keine wegweisenden Initiativen. Trotz seiner Bedeutung für die kulturelle und politische Annäherung zwischen Deutschland und Frankreich, trotz seines bewunderungswürdigen Verhaltens in Lille gehört Carlo Schmid bis heute in Frankreich nicht zu den bekanntesten deutschen Politikern seiner Jahrzehnte.

Rudolf Morsey
Mit dem Namen von Carlo Schmid verbindet sich auch kein Vertrag und keine große politische Aktion, die ihn stärker in das Gedächtnis der Nachwelt eingeprägt hätte.

War Carlo Schmid Vordenker oder Querdenker in seiner Partei? Wie hat die SPD Carlo Schmid verstanden, wenn er neue deutschlandpolitische Konzepte vorbrachte? Hat er sich durchsetzen können oder stand ihm vielleicht auch seine intellektuell geprägte Diktion im Wege?

Petra Weber
Carlo Schmid fiel es schwer, seine Konzepte und politischen Ideen so darzulegen, daß sie für die Mitglieder in der Partei und Fraktion und für die breite Öffentlichkeit verständlich waren. Der Querdenker war ein Vordenker. In den 50er und 60er Jahren zog er sich innerhalb seiner Partei viel Kritik zu, als er gleich mehrere deutschlandpolitische Tabus verletzte. Seine zukunftsweisenden Konzepte in der Deutschland- und Ostpolitik – z. B. die Anerkennung der Oder-Neiße-Grenze, die De-facto-Anerkennung der DDR, Entspannungspolitik als Weg zur deutschen Einheit – griff Willy Brandt später auf. Insofern war er Vordenker, in den fünfziger und sechziger Jahren auch Querdenker in seiner Partei.

Rudolf Morsey
Hat Carlo Schmid sich in Partei und Fraktion um Bundesgenossen bemüht, um Mehrheiten zu schaffen?

Petra Weber
Carlo Schmid hatte wenig Geduld. Wenn er sich mit seinen Ideen nicht gleich durchsetzen konnte, machte er den großen Fehler, die Versammlungen zu schwänzen. Auch hat er es nicht verstanden, sich Rückhalt innerhalb der Fraktion zu schaffen, den z. B. Herbert Wehner in der Partei und Fraktion hatte.

Karl Moersch
Carlo Schmid hat die Konfessionsschule zusammen mit Gebhard
Müller in Süd-Württemberg eingeführt. Das hat der SPD bei der
Wahl am 18. Mai 1947 sehr geschadet. Die Gegenleistung der CDU
hierfür bestand im Sozialisierungsartikel. Da Gebhard Müller davon
überzeugt war, daß er die Mehrheit im neuen Landtag gewinnen
werde, hat ihn der Sozialisierungsartikel wenig gestört, die Konfessionsschule konnte er jedoch durchsetzen. Carlo Schmid hat das
so nicht gewollt, doch Gebhard Müller hat die Situation realistischer eingeschätzt.

Daß Carlo Schmid in der SPD-Fraktion der einzige gewesen sei,
der ein starkes Interesse an Frankreich hatte und dort Erfahrungen sammeln konnte, diese Ansicht kann ich so nicht teilen. Einige
sozialdemokratische Politiker waren in der amerikanischen oder
skandinavischen Emigration, aber es gab allein vier, die mir gut bekannt sind, die zu Frankreich gute Beziehungen hatten: Ernst Roth
aus Frankenthal, der in der SPD große Bedeutung hatte und Europa-
ratsabgeordneter war, Adolf Ludwig aus Pirmasens, DGB-Vorsit-
zender von Rheinland-Pfalz, der 1933 als bayerischer Landtags-
abgeordneter fliehen konnte und die gesamte NS-Zeit bis 1945 in
Frankreich verbrachte, Karl Mommer, der in französischer Emigration war und in der Fraktion eine große Rolle spielte und schließlich noch Günter Markscheffel vom SPD-Vorstand, der als Sprecher
dieser Emigranten in Frankreich galt.

Seit 1947 war eine gewisse Spaltung der Sozialdemokratie in einen
süddeutschen, mehr föderalistischen Teil, zu dem auch Carlo Schmid
gehörte, und in einen eher preußischen Teil festzustellen. Es ist
kein Zufall, daß Carlo Schmid den Wahlkreis von Ludwig Frank in
Mannheim übernahm; denn Frank war vor 1914 ein Gegner Bebels
und hat diese preußisch-sozialdemokratische Auffassung zugun-
sten einer mehr der französischen Revolutionsidee nahen Sozialdemokratie zurückgedrängt. Bei der Besetzung des Wahlkreises
spielte meiner Ansicht nach nicht nur die Einzelperson Carlo Schmid,
sondern auch eine Richtungsauseinandersetzung in der Sozialdemokratie eine Rolle.

Horst Möller
Meine Ausführungen bezogen sich nicht auf die gesamte SPD-Fraktion, sondern nur auf die SPD-Führungsschicht. Die von Ihnen genannten SPD-Politiker gehörten mit Ausnahme Karl Mommers,

der später auch als Fraktionsgeschäftsführer Bedeutung erlangte, nicht im engeren Sinne zur Führungsschicht.

Wilhelm Hennis
Carlo Schmid hat die Konfessionsschule als Kröte geschluckt und dennoch der Verfassung zugestimmt. Aber die Konfessionsschule wäre für ihn kein Grund gewesen, in die CDU einzutreten.

Petra Weber
Zudem hat Carlo Schmid, nicht Theodor Heuss, in der Verfassung von Württemberg-Baden, dessen geistiger Vater er ist, die christliche Gemeinschaftsschule, nicht jedoch die Konfessionsschule verankert. Diesen Gedanken hat Carlo Schmid bereits 1945, noch bevor der Verfassungstext an die Öffentlichkeit gelangte, mehrmals propagiert und in Verhandlungen mit Vertretern der katholischen und evangelischen Kirche auch durchzusetzen versucht.

Dieter Adelmann
Carlo Schmid hat nicht nur politisch gehandelt, sondern Politik auch gelehrt. Das Ausmaß der Lehre ist am ehesten zu erfassen, wenn seine Erinnerungen als Versuch eines gigantischen Lehrbuches gelesen werden. Carlo Schmid hat bekanntlich die Wissenschaft von der Politik lange Zeit in Frankfurt/Main gelehrt, und zwar als Philosophie der Politik, die in dieser Form in der deutschen Wissenschaftsgeschichte des 19. Jahrhunderts verlorengegangen war. Seine umfangreiche Lehrtätigkeit war ein Versuch, an diese alte Philosophie der Politik wieder anzuknüpfen.

Am 10. Februar 1946 hielt Carlo Schmid anläßlich der Wiederherstellung der sozialdemokratischen Partei in Württemberg eine Rede über Weg und Ziel der Sozialdemokratie, die später in vielen seiner Sammelpublikationen abgedruckt wurde. Hierin behandelt er nicht nur Weg oder Ziel, sondern das Verhältnis zwischen Weg und Ziel. Er erläutert, daß es sich um den Weg der parlamentarischen repräsentativen Demokratie auf der Grundlage des modernen Verfassungsstaates handele und allein das innerhalb dieser Methode Mögliche möglich sei. Was außerhalb dieser Methode liege, sei nicht möglich. Für Carlo Schmid entscheidet also die Methode über den Inhalt und nicht ein vorgestellter Inhalt über die Methode. Das ist sein Versuch, ein klassisches Element des modernen Methodenbewußtseins in den Begriff der Politik zu übertragen.

Carlo Schmid übertrug in das Deutsche auch einen Aufsatz von Paul Valéry über die Künste, die mit dem Feuer umgehen. Vor allem sind es die keramischen Künste, in denen etwas gebrannt wird. Der Künstler kann nicht exakt bestimmen, wie das Ergebnis aussieht. Das Feuer ist in diesem Fall ein Element aus der Lebensphilosophie, aus der Carlo Schmid hervorgegangen ist. Er versucht durchgehend, Elemente dieses Lebensbegriffes in den Begriff der Politik zu übertragen. Er sagt u. a., daß z. B. eine Formel, die in der Politik aufgeht, falsch gestellt sei. Es gäbe ein Element des Irregulären im Begriff des Lebens, der in Beziehung auf die Politik formuliert werde. Carlo Schmid verwendet den Begriff der Kunst von Valéry, um in diesem Sinn die Politik als eine Kunst darzustellen; nämlich als die Kunst, lebensschwierige Verhältnisse auszubilden und hierüber dieses Irreguläre im Leben in Form zu bringen.

Er tut dies ausdrücklich in Beziehung auf sein Sprachverhältnis eng in Anlehnung an Wilhelm von Humboldt. Einer seiner Grundsätze sagt, es sei die Kunst, mit begrenzten Mitteln eine unbegrenzte Anwendung herbeizuführen. In diesem Sinn ist Carlo Schmids Begriff vom Gesetz eine Technik, Mannigfaltigkeit zu produzieren. Die Gesetze sind also nicht Beschränkungen, sondern vielmehr das Instrumentarium, das die Menschen gefunden haben, um Vielfalt zu generieren.

Carlo Schmid ist auch als Philosoph der Politik zu rezipieren.

Wilhelm Hennis
Als Politikprofessor hatte er ein enormes Echo. Sein großer Hörsaal und seine Seminare waren immer voll besetzt. Er konnte die ganze Palette dessen, was auch heute noch die Triebkraft der politischen Wissenschaft ist, in groß konzipierten Vorlesungen abdecken. Völkerrecht, das er als politisches Recht verstand, hatte er in Tübingen gelehrt. Für Vorlesungen in internationaler Politik brauchte er nur seine Völkerrechtsvorlesungen ein wenig politikwissenschaftlich anzureichern. Intensiv behandelte er immer den Parlamentarismus, das parlamentarische Regierungssystem, die vergleichende Verfassungslehre, die Parteien und Verbände, all das, was hierhin gehört. Hinzu kamen seine großen Vorlesungen zur Ideengeschichte und seine Spezialvorlesung über Machiavelli, die er bereits alle in Tübingen gehalten hatte.

In Frankfurt hat er keine Zeit gehabt, tief in die Literatur einzudringen oder zu forschen. Dies hatte er auch nicht nötig. Ihm stand ein so großer Wissensschatz zur Verfügung, daß ihm für ein Kolleg einige kleine Notizen ausreichten. Dies war für die damalige Studentengeneration sehr imponierend.

Seine eigentliche wissenschaftliche Anknüpfung an die Begriffe der politischen Wissenschaft ist Hermann Hellers Staatslehre von 1934, die sich bereits als politische Wissenschaft verstand. Mit Hermann Heller war er eng befreundet, sie hatten im Kaiser-Wilhelm-Institut in Berlin ihre Büros nebeneinander. Carlo Schmid war wohl der letzte unter den Ordinarien der politischen Wissenschaft, der alle drei Bereiche dieser Wissenschaft in großen und eindrucksvollen Vorlesungen abzudecken wußte. Die Studenten haben bei ihm viel gelernt, nicht Detail- oder neuestes Forschungswissen, sondern vielmehr das Begreifen von Konstellationen und – ein beliebtes Wort von Carlo Schmid – das Denken in Koordinatensystemen. Beeindruckend konnte er komplizierte Zusammenhänge bildhaft verdeutlichen. Er nahm die Lehre mustergültig wahr, schwänzte nie, kam vielmehr immer gern. Für ihn waren diese Stunden bei seinen Studenten die angenehmsten in der Woche.

Justus Fürstenau
Carlo Schmids Vorlesungen waren für die Frankfurter Studenten ein Ereignis. Er schlug Schneisen durch die Politik und die Ideengeschichte. Die Studenten, besonders die Studentinnen, lagen ihm zu Füßen. Er brillierte mit seiner humanistischen Bildung, faszinierte mit seinem Pathos, und er wußte auch, sich in Szene zu setzen. Ich erinnere mich, wie er einmal vor einem Kreis von Studenten erklärte, er sei wohl der einzige in der ganzen SPD, der Karl Marx wirklich gelesen habe.

Bereits mehrfach wurde diskutiert, warum Carlo Schmids Weg zur Macht scheiterte. Er ist an sich selbst gescheitert. Die Psychoanalyse wäre zu befragen, mit welchen Komplexen er durch die Welt ging. Vieles hat Petra Weber in ihrer Biographie beleuchtet, was in seinen eigenen Erinnerungen nicht steht. Ansätze finden sich vielleicht in der frühen Zeit und in der Beziehung zu seiner Mutter.

Doch immer war er selbst von sich überzeugt, und wir alle waren voller Bewunderung für sein Wissen und die Bögen, die er über Ideen, Persönlichkeiten und Ereignisse der politischen Geschichte zu schlagen und Einsichten zu vermitteln verstand, souverän Daten und Lehrmeinungen seiner Sicht der Dinge unterordnend.

Auf der anderen Seite stand seine Arbeit in der SPD. Er mußte sich immer wieder mit den Genossen zusammensetzen, mit ihnen auf gleicher Ebene reden. Das fiel ihm schwer. Eigentlich müßte er intellektuelle Geringschätzung für seine Parteigenossen empfunden haben, trotzdem war er loyal und kehrte immer wieder zurück in den Schoß der Partei. Da reicht meines Erachtens für eine Erklärung politisches Kalkül nicht aus, da hat ein gewisser Eros mitgespielt, der ihn, den Sohn aus einer intellektuellen, gutbürgerlichen Familie immer wieder dorthin gezogen hat, selbst oder vielleicht gerade – diese Formulierung bitte ich nicht abträglich zu verstehen – zu »Typen« wie Herbert Wehner. Die Struktur dieses Mannes war so völlig anders als die Carlo Schmids, daß er ihn quasi als »Frontkämpfer des Proletariates« fasziniert haben muß. Welten lagen zwischen diesen beiden SPD-Politikern.

Wilhelm Hennis
Es reicht nicht aus, Carlo Schmids Eintritt in die Politik als ein erotisches Moment zu erklären. Die Wurzeln liegen tiefer. Zuletzt wurde an Petra Webers Biographie über Carlo Schmid wieder deutlich, daß es in der Zeit des Nationalsozialismus nicht ausreichte, nur dagegen zu sein. Vielmehr mußte aus einem tieferen Fundament heraus wirkliche Gegnerschaft entstehen – bis hin zum Einsatz des eigenen Lebens. Dies ist bei Carlo Schmid zweifellos der Fall gewesen. Wenn der Zufall es 1942 oder 1943 gewollt hätte, daß Carlo Schmid in Paris oder im Osten in irgendeinem Heereskommando Hitler mit der Waffe hätte töten können, habe ich keinen Zweifel daran, daß Carlo Schmid bereit gewesen wäre, sein Leben hinzugeben. Dies sind auch die tieferen Fundamente, die ihn zu den unglaublichen Dingen in Lille befähigt haben. Viel zu spät wurde dies erkannt, da er über diese Zeit nie ein Wort verloren hat. Carlo Schmid hat dort große Tapferkeit bewiesen.

Justus Fürstenau
Dieses »erotische Moment« bei der Hinwendung zur praktischen Politik und aktiven Mitarbeit in der Partei sehe ich in der Faszination, die für Carlo Schmid von der Sozialdemokratie als Partei der Arbeiterbewegung mit ihrer geradlinigen demokratischen Vergangenheit ausging. Die Frage, ob er nicht genau so gut in der FDP oder CDU hätte eine politische Heimat finden können, wird für mich nicht abschließend deutlich.

Wilhelm Hennis
Die alte SPD wollte Carlo Schmid nach Ende des Zweiten Weltkrieges nicht wieder beleben, vielmehr dachte er an eine Neugründung. Wie die CDU sich als Partei neu gründete, wollte er eine neue linke Partei nach dem Vorbild der britischen Labour Party. In dieser Partei hätte er mit Thomas Dehler und Eugen Gerstenmaier gut zusammenarbeiten können. In den Anfängen hätte sie 30 oder 35 % der Wählerstimmen auf sich vereinen können. Doch die große sozialdemokratische Traditionspartei stand dagegen. Sie war sofort nach dem Krieg wieder da und somit war für eine andere linke Volkspartei kein Platz. Carlo Schmid hat versucht, die SPD auf diesen Weg zu einer Volkspartei der linken Mitte zu bringen.

Karl Moersch
Als Carlo Schmid nach dem Zweiten Weltkrieg in die SPD eintrat, gab es in Süd-Württemberg-Hohenzollern keine demokratische, liberale Volkspartei, da sie von den Franzosen nicht zugelassen war. Im Grunde wollte niemand mehr die Weimarer Parteien. Carlo Schmid hat geglaubt, er könne neben dem katholischen Zentrum eine linksbürgerliche Sammlungsbewegung schaffen.

Otto Borst
Vielleicht gibt es noch eine weitere Antwort auf die Frage, warum Carlo Schmid Mitglied der SPD wurde. Dieser gescheite, immer schöpferische Geist hatte das Ziel, den Menschen zu helfen. Dieses hat er bereits in Lille bewiesen, als zehn Geiseln erschossen werden sollten. Mit allen Mitteln hat er sich hiergegen eingesetzt, nicht mit wissenschaftlichen, sondern mit christlichen Argumenten. Seinem Vorgesetzten hat er gesagt, daß er dann, wenn er die Erschießung befehle, eine Todsünde begehe. Dieses Engagement für den Menschen ist bei Carlo Schmid lebensbestimmend und erklärt auch seinen Eintritt in die SPD.

Martin Schmid
Das Bedürfnis meines Vaters nach Brüderlichkeit erstreckte sich sehr stark auf seine Parteigenossen, auch auf Genossen, mit denen er in vielem nicht übereinstimmte. Trotz allem, was Herbert Wehner meinem Vater angetan hat – schließlich hat Wehner ihm durch eine Intrige die Kanzlerkandidatur genommen –, betrachtete er ihn bis zu seinem Tod als sehr engen Freund.

Das Verhältnis meines Vaters zu Menschen lag selten in einer Ebene. Es ging immer ein wenig nach oben und ein wenig nach unten. Dieselben Menschen, die er einerseits mit sehr scharfzüngigem Spott bedachte, bewunderte er andererseits oft fast schwärmerisch. Die Ambivalenz, über Leute etwa mit der – wahrscheinlich unrichtigen – Behauptung, sie hätten Marx nicht gelesen, spotten und über dieselben Leute mit großer Bewunderung für ihre Belesenheit sprechen zu können, war typisch für ihn.

Rudolf Morsey
Carlo Schmid war eine vielschichtige Persönlichkeit, was bislang schon genügend deutlich geworden ist. Die Zeitzeugen werden dies noch klarer zum Ausdruck bringen können.

Ich selbst habe Carlo Schmid ein einziges Mal erlebt, im Juni 1969 im Adenauer-Haus in Rhöndorf, als ich dort über Adenauer im Parlamentarischen Rat referierte. Carlo Schmid, der bei hochsommerlichen Temperaturen die Stufen mit einiger Mühe hinaufgeklettert war, bemerkte sofort nach meinem Referat: »Ich bin entsetzt, daß aus Akten die Geschichte dieser Zeit geschrieben wird.« Diese Wendung gebrauchte er, wie wir gehört haben, häufiger. Wir Historiker müssen uns aber zunächst auf Akten, auf schriftliche Quellen, stützen. Wir sollten uns jedoch den Erfahrungen der Zeitzeugen öffnen.

Zeitzeugenberichte

Zeitzeugen über Carlo Schmid

Sibylle Krause-Burger

Jeder Zeitzeuge bringt persönliche Erlebnisse und seinen jeweils individuellen Blick auf die Person Carlo Schmids in unser Gespräch ein. Elisabeth Noelle-Neumann und Karl Moersch begegneten ihm schon während der Nachkriegszeit in Tübingen. Auch Iring Fetschers Geschicke wurden von Carlo Schmids Wirken in der kleinen Hauptstadt des Landes Württemberg-Hohenzollern beeinflußt. Später durchlitten sie gemeinsam die Studentenrevolte. Horst Ehmke kam Anfang der 50er Jahre am Beginn seiner wissenschaftlichen Laufbahn mit Carlo Schmid in Berührung. Martin Schulze war ihm auch privat verbunden.

Ich selbst bin Carlo Schmid zweimal persönlich begegnet. Das erste Mal während eines bedeutenden Moments in der Geschichte der deutschen Sozialdemokratie, an dessen Ausformung und Ergebnis Carlo Schmid auch einen Anteil hatte. Damals studierte ich in Köln. Ein Assistent unseres Institutes forderte mich im Winter 1959 auf, ihn zum Parteitag der SPD nach Bad Godesberg zu begleiten. Im Saal focht Herbert Wehner seinen Kampf mit Leidenschaft. Draußen im Foyer, wo der Trubel nicht im entferntesten dem glich, was sich heute dort auf Parteitagen tut, stand Carlo Schmid, vielleicht nur für einen Augenblick verschnaufend, allein, einsam, ein großer, mächtiger Mann. Und weil er gerade mit niemandem sprach, schleppte mich jener Assistent zu ihm und sagte: »Carlo, hier ist eine junge Studentin, die sich für Politik interessiert.« Das hat den damals aus meiner Sicht schon ziemlich alten Mann begreiflicherweise nicht übermäßig bewegt. Ich war nicht reif genug, mit ihm ein Gespräch zu beginnen, wir wechselten nur ein paar kurze Worte. Es war für mich kein großer, eher ein verlegener Augenblick. Und doch barg er etwas sehr Vertrautes: im rheinischen Exil die Begegnung mit der Tübinger Gelehrsamkeit, mit der schwäbischen Honorationenwelt, mit der württembergischen Liberalität und mit dem württembergischen Bürgersinn und nicht zuletzt mit der Verfassungstugend der Nachkriegszeit, wie sie mir mein Lehrer, Theodor Eschenburg, oft auf Carlo Schmid verweisend, vermittelt hatte.

Das zweite und letzte Mal sah ich Carlo Schmid 20 Jahre später, kurz vor seinem Tode. Es war wieder auf einem Parteitag, 1979 im Berliner Kongreßzentrum, wo ich als Journalistin von den Ereignissen zu berichten hatte. Wieder fiel mir Carlo Schmid als ein einsamer, abgesonderter und gleichzeitig alle anderen Überragender im Foyer auf. Eine Altersschönheit mit seiner weißen Künstlermähne, in sich versunken, schon entrückt, ein Stück Geschichte der Sozialdemokratie und doch aus einem ganz anderen Stoff.

Das mag nun durchaus wiederum ein Sekundeneindruck gewesen sein, er paßt jedoch als Bild gut zu dem, was mir Theodor Eschenburg, der inzwischen 92 Jahre alt ist, als Charakterisierung Carlo Schmids mit auf den Weg gegeben hat: »Er war ein echter Idealist mit einem ganz starken Realitätsbewußtsein. Er brauchte die Stütze einer Partei, aber er handelte immer wieder überparteilich.«

Elisabeth Noelle-Neumann

Unter dem Datum vom 4. November 1979 widmete Carlo Schmid mir einen Band seiner »Erinnerungen« mit den Worten: »Elisabeth zum Dank, daß sie sich der Gespräche am Klosterberg noch erinnert.«

CARLO SCHMID

ERINNERUNGEN

Was waren das für Gespräche? Sie lagen damals über dreißig
Jahre zurück. Wir befinden uns in Tübingen im Frühjahr, Sommer
und Herbst 1945. Mein damals 25jähriger Bruder, verwundet im
Kaukasus, beinamputiert und nun Referendar am Tübinger Amts-
gericht, brachte Carlo Schmid zu mir in das Haus Klosterberg 8,
oberhalb des Neckars, unterhalb des Tübinger Stifts, schräg gegenüber der Bursa, dem Lehrgebäude Melanchtons (1512–1518). Ich
war Untermieterin bei der schwäbischen Handwerkerfamilie Dreher. »Dieses Zimmer«, sagte Carlo Schmid, »ist, solange ich denken
kann, nie frei angeboten worden, es wurde von einem Studenten
zum nächsten weitergereicht, es ist die schönste Studentenbude, die
ich kenne.« Er ging an das Fenster mit den kleinen Scheiben, durch
die man den Neckar sah. »Emilie« war da in sanfter schräger Schrift
in das Fensterglas eingeritzt, und »Amalie«.
   Ich hatte dieses Zimmer auf dem Wohnungsamt gleich nach meiner Ankunft in Tübingen zehn Tage vor der Besetzung durch die
Franzosen am 19. April 1945 erhalten. Eben hatte der erste und einzige Luftangriff auf Tübingen stattgefunden, die Stadt war starr vor
Schrecken, die Angestellte auf dem Wohnungsamt holte aus ihrer
Kartei die Adresse »Klosterberg 8 bei Dreher« und sagte: »Ich gebe
Ihnen das schönste Zimmer, das ich habe.«
   In diesem Zimmer also, einmal auf einem mit Plüsch bezogenen
Schaukelstuhl sitzend, ein anderes Mal auf einem breiten Sofa,
führte Carlo Schmid die Gespräche mit mir. Er kam ein- oder zweimal die Woche, oft unangemeldet. Er fühlte sich völlig zu Hause.
Einmal, als ich bügelte, sagte ich der Vermieterin, Frau Dreher, sie
solle keinen Besuch zu mir lassen. Zu Carlo Schmid, der unangemeldet kam, sagte sie, ich sei nicht zu Hause. Er schob sie beiseite,
stürmte die Treppen herauf in mein Zimmer und war empört. Aber
nicht sehr. Gleich darauf – sicher zwischen den Bügelsachen – waren
wir in ein Gespräch vertieft. Irgendwann hatte ich starke Zahn-
schmerzen und klagte darüber. Das beachtete er gar nicht, und sicher habe ich es auch bald über dem Gespräch vergessen, denn er
war ein hinreißender Gesprächspartner. Es war, als tauche man in
eine andere Welt ein, als verwandele man sich selbst.
   Petra Weber hat in ihrer Carlo-Schmid-Biographie geschrieben:
»Wenn Schmid jemals euphorisch war, so war es 1945.« Euphorisch
erlebte ich ihn bei unseren Klosterberg-Gesprächen. Noch heute höre
ich einen Satz, mit dem er einen Bericht über die hinter uns liegende
Zeit von Diktatur und Krieg beendete: »Und ich entsprang …«

Carlo Schmid sprach über die Zukunft: »Man muß die deutsche Jugend zum Ungehorsam erziehen«, sagte er. Ich spitzte die Ohren, es war wie der Klang aus einer neuen Welt. Hätte ich nicht diesen Satz und meine Überraschung darüber so genau in der Erinnerung behalten, ich hätte die kulturrevolutionäre Bewegung ab Mitte der 50er Jahre bis hin zu 1968, bis zu den Studentenunruhen einseitig für ein Werk der Frankfurter Schule gehalten, unmittelbar abgeleitet aus der unter Führung von Adorno in den USA angefertigten Studie über »Die autoritäre Persönlichkeit« und die darauf begründete Notwendigkeit, eine Generationskluft aufzureißen, die die Tradierung von Werten von Eltern auf die Kinder unterbrechen sollte. Das ist gelungen, und bis heute haben wir in Deutschland eine einmalige Generationskluft. Aber der Satz von Carlo Schmid im Klosterberg-Gespräch von 1945: »Man muß die deutsche Jugend zum Ungehorsam erziehen« zeigt, daß die Entwicklung mehrere Wurzeln hatte.

Ende Juni hatte sich mein journalistischer Kollege und späterer Ehemann, Erich Peter Neumann, nach Tübingen durchgeschlagen. Zu zweit gingen wir abends an seinem Ankunftstag über den sommerlichen Tübinger Marktplatz. »Hier müßte man Romeo und Julia spielen«, sagte Erich Peter Neumann zu mir. »Das machen wir!« rief ich begeistert – und so kam es. Carlo Schmid half, die französischen Behörden, den Stadtkommandanten Etienne Metzger, den Kulturoffizier René Cheval und auch seinen Freund, den Tübinger Oberbürgermeister Victor Renner, zu überzeugen. Wir erhielten Quartiere für Regisseur, Schauspieler und Techniker in den Villen auf dem Österberg, Bezugsscheine und Benzingutscheine, um die Requisiten, Kostüme und Kulissen aus Bad Mergentheim, dem ausgelagerten Fundus des Stuttgarter Schauspielhauses, zu holen. Anfang September, bei strahlendem Sommerwetter, wurde an zehn Abenden vor jeweils tausend Zuschauern auf dem Tübinger Marktplatz Romeo und Julia gespielt.

Ich erinnere mich an ein Gespräch am Rande, in einer Theaterpause. Carlo Schmid berichtete mir, er habe jetzt meine Dissertation von 1940 bei Diesterweg: »Meinungs- und Massenforschung in USA: Umfragen über Politik und Presse« ganz gelesen. »Sie müssen ein Umfrageinstitut gründen«, sagte er zu mir. »Unbedingt!« Aber später, 1949, gelang es weder ihm noch Erich Peter Neumann, die SPD, das heißt Kurt Schumacher und Fritz Heine, in Hannover zum Durchführen von Umfragen für die SPD zu bewegen. Ludwig Erhard 1948 und Adenauer 1950 begriffen sofort das politische Potential der Umfragen. Seit damals, seit 1950, laufen die regelmäßigen Allensbacher Umfragen für die Bundesregierung bis heute. Wilhelm Hennis schreibt in seiner Rezension des Buches von Petra Weber in der FAZ vom 7.10.1996: »Es ist ein melancholisches Buch über einen bis in die Knochen melancholischen Menschen.«

Es ist auch melancholisch, an das Jahr 1949 zurückzudenken, in dem mich Carlo Schmid kurz vor der ersten Bundestagswahl in meinem Haus in Allensbach besuchte. Den Bodensee mit der Silhouette der Insel Reichenau im Rücken, sprach er am Kaffeetisch im Garten über seine Zukunftspläne: »Wenn ich ein Portefeuille nehme …«, sagte er. Er rechnete fest mit der Bildung der ersten Bundesregierung durch die Sozialdemokraten.

Die Allensbacher Demoskopie der Zeit von 1949 bis 1979 enthält über Carlo Schmid vor allem Popularitätsdaten, keine einzige spezielle Frage zu seinem Profil. Die ganze Zeit hindurch gehörte er zu den bekanntesten und bei der Bevölkerung – nicht nur bei SPD-Anhängern – beliebtesten Politikern. Es ist gewiß, daß er viel zur Verankerung der Demokratie in Westdeutschland beigetragen hat. Beinahe bedrückend tritt aus den demoskopischen Zahlen hervor, wie die Chance eines großen, stilbildenden Bundespräsidenten Carlo Schmid für Deutschland verlorenging.

Vom 23. September 1949, sechs Wochen nach der ersten Bundestagswahl, datiert eine weitere handschriftliche Widmung Carlo Schmids, diesmal in Französisch: »A Madame Elisabeth Nölle-Neumann ce livre pourpre et noir dont les vers sont peut-être trop violents pour être lus tranquillement sur les bords peisibles d'une mer d'eau douce. Tübingen, 23. sept. 1949 K. Schmid«.

Er hatte sie in den Band »Die Blumen des Bösen« von Charles Baudelaire geschrieben, seine Übertragung der Baudelaire-Gedichte ins Deutsche. Die Widmung lautet in der Übersetzung: »Für Elisabeth Noelle-Neumann, dieses Buch, purpurn und schwarz, dessen Verse vielleicht zu wild sind, um sie am Ufer eines sanften Meeres in Ruhe zu lesen.«

Ein Völkerrechtler, ein Politiker, ein Dichter, ein leidenschaftlicher Mensch, ein Botschafter zwischen Deutschland und Frankreich in jenen entscheidenden Jahren, in denen die deutsche und französische Feindschaft begraben und zur Freundschaft umgewandelt wurde: welch ein Geschenk an die Politik der Nachkriegszeit!

A Madame
Elisabeth Nölle-
Neumann

ce livre pourpre
et mois dont les
vers sont peut-être
trop violents pour
être lus tranquille-
ment sur les
bords paisibles,
d'une mer d'eau
douce.
Tübingen, 23 sept. 1944
K. Stein

Tabelle 1
Westdeutschland
Bevölkerung ab 16 Jahre
Oktober 1952

Die politischen Favoriten von CDU-, SPD- und FDP-Anhängern (Auszug)

Frage:
»Angenommen, bei der nächsten Wahl könnte man nicht für Parteien, sondern nur für einzelne Persönlichkeiten stimmen. Wen würden Sie dann am liebsten an der Spitze der Regierung sehen?«

CDU-Anhänger	%
1. Konrad Adenauer	62
2. Theodor Heuss	21
3. Ernst Reuter	2
4. Hermann Ehlers	2
5. Karl Arnold	2
6. Helene Wessel	2
7. Carlo Schmid	**1**
8. Erich Ollenhauer	1

SPD-Anhänger	
1. Erich Ollenhauer	38
2. Carlo Schmid	**16**
3. Theodor Heuss	12
4. Ernst Reuter	9
5. Konrad Adenauer	8
6. Karl Arnold	2
7. Franz Blücher	2
8. Hermann Ehlers	2

FDP-Anhänger	
1. Theodor Heuss	28
2. Konrad Adenauer	28
3. Franz Blücher	17
4. Hermann Ehlers	8
5. Ernst Reuter	4
6. Karl Arnold	3
7. Carlo Schmid	**2**
8. Erich Ollenhauer	1

Aus: Institut für Demoskopie Allensbach: Die politischen Favoriten, 4. November 1952

Tabelle 2
Westdeutschland
Bevölkerung ab 16 Jahre
November 1957

Wer wäre der beste SPD-Vorsitzende?

Frage:
»Wie sehen Sie die Dinge: Wenn Sie der SPD raten sollten – wer von diesen
Männern wäre der beste Parteivorsitzende, wer würde die SPD am weite-
sten bringen?«
(Listenvorlage)

	Bevölkerung insgesamt	Männer	Frauen
	%	%	%
Carlo Schmid	29	40	20
Erich Ollenhauer	13	13	13
Willy Brandt	3	4	3
Fritz Erler	2	2	2
Max Brauer	2	2	1
Wilhelm Mellies	1	2	1
Hinrich Kopf	1	2	1
Wilhelm Högner	1	1	1
August Zinn	1	1	1
Wilhelm Kaisen	1	2	x
Herbert Wehner	1	1	x

Aus: Institut für Demoskopie Allensbach: Wer wäre der beste SPD-Vorsitzende?
Carlo Schmid liegt vor Erich Ollenhauer, 8. März 1958

Tabelle 3
Westdeutschland
Bevölkerung ab 16 Jahre
Mai 1959

Führende Politiker im Spiegel der öffentlichen Meinung

	Gute Meinung	Keine gute Meinung	Weder noch	Unbekannt
	%	%	%	%
Theodor Heuss	90	2	7	1
Willy Brandt	74	3	16	7
Ludwig Erhard	66	6	22	6
Konrad Adenauer	63	15	21	1
Carlo Schmid	**56**	**6**	**26**	**12**
Eugen Gerstenmaier	43	5	33	19
Heinrich v. Brentano	31	20	39	10
Erich Ollenhauer	31	24	38	7
Fritz Schäffer	30	14	34	22
Heinrich Lübke	23	6	33	38
Franz Etzel	22	6	35	37
F. J. Strauß	19	40	32	9
Gerhard Schröder	14	6	38	42
Herbert Wehner	14	11	26	49

Aus: Institut für Demoskopie Allensbach: Führende Politiker im Spiegel der öffentlichen Meinung, 4. Juli 1959

Tabelle 4
Westdeutschland
Bevölkerung ab 16 Jahre
Februar 1959

Kandidaten für die Nachfolge von Theodor Heuss
als Bundespräsident 1959

Frage:
»In diesem Jahr muß ein neuer Bundespräsident gewählt werden. Da nach
dem Grundgesetz Professor Heuss nicht wiedergewählt werden kann, wird
zur Zeit überlegt, wer sein Nachfolger werden soll. Wer sollte Ihrer Meinung
nach Bundespräsident werden?« (Vorlage einer Liste)

	Insgesamt %	Männer %	Frauen %
Carlo Schmid (SPD)	**38**	**47**	**29**
Ludwig Erhard (CDU)	16	18	14
Eugen Gerstenmaier (CDU)	11	11	11
Heinrich Krone (CDU)	1	1	1
Gebhard Müller (CDU)	1	1	1
Unentschieden	33	22	44

Aus: Allensbacher Archiv, IfD-Umfrage; abgedruckt in: Jahrbuch der Öffentlichen
Meinung 1965–1967, S. 245

Iring Fetscher

Als ich mit einigem Glück endlich ein »Studentenzimmer vor der Glastür« in Tübingen ergattert hatte, verstrickte mich eines Tages meine biedere Wirtin in ein Gespräch über Carlo Schmid, der in ihren Augen eher eine mythische Persönlichkeit als ein lebendiger Mensch zu sein schien. »Denken Sie nur«, fing sie an, »Carlo Schmid, ein so gebildeter und feiner Herr! Und was glauben Sie, in welcher Partei der ist? Ausgerechnet in der SPD.« Vermutlich sagte sie sogar »bei den Sozis«. Jedenfalls war sie überzeugt davon, daß er nicht dorthin gehöre und diese Parteizugehörigkeit nicht zu der hochgeistigen Honorigkeit dieses Mannes passe. So ähnlich dürften damals viele Tübinger gedacht haben.

Andere nahmen ihm wiederum seine Zweisprachigkeit und seine Sympathien für die französische Kultur übel, die in Wahrheit ein echter Glücksfall für die Stadt und das kleine Württemberg-Hohenzollern waren. Carlo Schmid »residierte« höchst bescheiden in dem Gebäude des ehemaligen Tropeninstituts und stand einem »Staatssekretariat« vor, das – unter strenger Oberaufsicht des »Gouvernement Militaire« – für Recht und Ordnung im Mini-Ländle zuständig war.

Die Lebensmittelversorgung der städtischen Bewohner des kleinen Landes war so unzulänglich wie in keinem anderen Gebiet des besetzten Deutschland. Die Grenze nach Norden zum amerikanisch verwalteten Teil Württembergs war zwar nicht so undurchlässig wie die zwischen Ost und West, aber größere Transporte von Nahrungsmitteln verlangten stets komplizierte Verhandlungen und Genehmigungsverfahren. Carlo Schmid bemühte sich in seiner De-facto-Allzuständigkeit auch darum. Ebenso energisch versuchte er, die Besatzungsmacht zu überzeugen, von ihren zum Teil katastrophalen Demontage-Plänen abzulassen. Einiges konnte er erreichen, doch die Lage blieb schlimm genug. Obendrein machten Teile der Bevölkerung den »Halb-Franzosen« für Dinge verantwortlich, die er nur nicht hatte verhindern können. Auf die wahren Verantwortlichen hinzuweisen, war ihm jedoch nicht gestattet.

Erst im Rückblick wird deutlich, wie sehr Carlo Schmids Aktivitäten auf kulturellem Gebiet für mein eigenes Leben in den ersten Nachkriegsjahren bedeutsam waren. Schmid hatte den Ehrgeiz, aus der kleinen, fast unversehrten, Universitätsstadt Tübingen ein kulturelles Zentrum der Nachkriegszeit zu machen. Da die französische

Besatzungsmacht bildungsfreundlich und an einer raschen Wieder-
eröffnung der Universität interessiert war, gelang es ihm, schon bald
eine eindrucksvolle Reihe hervorragender Naturwissenschaftler und
Gelehrte nach Tübingen zu berufen. Bei den beiden Nobelpreisträ-
gern Adolf Butenandt und Alfred Kühn habe ich als Mediziner im
vorklinischen Studium gehört. Die beiden Gelehrten Romano Guardini und Eduard Spranger, die aus Berlin für Tübingen gewonnen
wurden, haben mein Denken und meine akademische Laufbahn geprägt. Guardini brachte mir wie vielen anderen Tübingern ein ro-
manisches und wahrhaft »katholisches« Christentum so nahe, daß
ich nicht der einzige blieb, der schließlich zum Katholizismus kon-
vertierte. Der kantisch-disziplinierte konservative Philosoph und
Pädagoge Eduard Spranger vermittelte uns ein eindrucksvolles Bild
des »anderen Preußen«, das sich nicht von den Nazis hatte mißbrauchen lassen, und er versöhnte uns mit den großen Denkern der
deutschen Klassik: Kant, Fichte, Schiller, Hegel. Daß Carlo Schmid
damals auch den Romanisten Ernst Robert Curtius für Tübingen
zu gewinnen suchte, habe ich erst durch Petra Weber erfahren. Er
hätte meine ohnehin vorhandene frankophile Neigung sicher noch
bestärkt. Eine Berufung Martin Heideggers, die Schmid favorisierte
und die französische Dienststellen in Tübingen akzeptiert hätten,
scheiterte am Einspruch eines nazigegnerischen Senatsmitgliedes,
das im Unterschied zu Schmid den Studenten nicht genügend kriti-
sches Unterscheidungsvermögen zwischen dem einsamen und eigen-
willigen Denker und dem zeitweiligen Nazisympathisanten zutraute.
Eduard Spranger polemisierte zwar nicht gegen Heidegger, und der
junge antinazistische Tübinger Privatdozent Wilhelm Weischedel war
sogar ein Heidegger-Schüler, aber in den Augen Sprangers war der
in Freiburg »sitzen gebliebene« Denker, der den Ruf nach Berlin
abgelehnt hatte, ein »Sonderling«. Heidegger hatte damals einen
Artikel mit dem Titel »Wir bleiben in der Provinz« verfaßt, der für
einen selbstbewußten Berliner Hochschullehrer einfach unverständ-
lich, wenn nicht beleidigend war.

   Zu den von Carlo Schmid nach Tübingen gerufenen Hochschulleh-
rern gehörte auch Helmut Thielicke, der sich durch seine mutigen
Kanzelreden gegen die Nazis in Stuttgart einen Namen gemacht
hatte. Nach dem Krieg stellte sich heraus, daß der wortgewaltige
Rhetor seiner Neigung zum Populismus allzu häufig nachgab, so daß
Carlo Schmid vermutlich diese Berufung eher bereut haben dürfte.
Ein deutlicher Konflikt mit Schmid und der französischen Besat-

zung entstand für Thielicke, als er sich bemüßigt fühlte, auf eine ver-
söhnliche, aber zugleich antinazistische Rede des großen Basler
Theologen Karl Barth polemisch zu antworten. Ich habe den Eindruck des Vortrages von Karl Barth am 4. November 1945 in meinem Tagebuch notiert. Barth rief im Festsaal der Tübinger Universität dazu auf, die Deutschen sollten »sich nicht fallen lassen«,
zugleich aber die Schuld anerkennen, die sich zahlreiche Deutsche
während der Nazizeit aufgeladen hatten. Barth streckte im Namen
der Christen im westlichen Ausland uns, den besiegten und ihre Ta-
ten bereuenden Deutschen, die Hand entgegen. Seine Rede war ausgesprochen ermutigend. Zwar berichtete das Schwäbische Tagblatt
durchaus zutreffend und freundlich, aber eine größere Zahl von Studenten forderte Helmut Thielicke auf, dem in die Schweiz geflüch-
teten Theologen möglichst bald in einer öffentlichen Rede entgegenzutreten. Vor einem erregten Publikum im überfüllten Festsaal
ließ sich Thielicke zu unfairen Polemiken gegen den Gastredner
Barth hinreißen und sprach von »Zwischenrufen des Emigranten
aus dem neutralen Polsterparkett Europas«, die hierzulande un-
willkommen seien. Auch versuche er, die »Schuldfrage« als »takti-
sches Mittel« zu mißbrauchen.

Petra Weber berichtet von der Absicht der Franzosen, Thielicke
wegen dessen »unerwünschter Resonanz« beim Publikum vom
Dienst zu suspendieren. Carlo Schmid habe erfolgreich von diesem
Schritt abgeraten, der den »Kirchengoebbels«, wie ihn manche
schon nannten, nur zum Märtyrer gemacht hätte. Ich erinnere mich
an ein Gespräch mit dem jungen Hochschuloffizier Capitaine René
Cheval, der mir eines Tages sagte, als Thielicke wieder eine dem-
agogische Rede gegen die »Unverschämtheiten« der Franzosen gehalten hatte: »Herr Thielicke hätte gern, daß wir ihn für einige Zeit
verhaften, das würde ihn noch populärer machen, aber den Gefal-
len tun wir ihm nicht!« Statt ein Lehrverbot auszusprechen, verboten die Franzosen Thielicke lediglich die Benutzung des Festsaales.
Das genügte schon, um ihm das Bewußtsein der verfolgten Unschuld
zu verschaffen.

Eine mich überraschende Nachricht über Carlo Schmid bekam
ich 1945 oder 1946 während eines Ferienkurses für ausländische –
vor allem französische und britische – Germanistikstudenten, der in
Bad Teinach und Tübingen veranstaltet wurde. Französische Behörden hatten sich großzügig um die äußeren Voraussetzungen bemüht.
Dozenten der Tübinger Universität sowie einige glückliche deutsche

Studierende nahmen an den Kursen teil. Zu meiner Verwunderung lud Carlo Schmid einen kleinen Kreis dieser Studenten in seine Wohnung ein, um ihnen Gedichte Stefan Georges vorzulesen, die er, wie ich damals nicht wissen konnte, seit seiner Jugend liebte. In meinem »Weltbild« gehörte Stefan George, auch wenn er selbst die Nazis eher verabscheut hatte, zu den geistigen Wegbereitern des »Dritten Reiches«. Dafür sprachen nicht nur die gerundeten Hakenkreuze auf den Originalausgaben seiner Bücher, sondern auch sein Ästhetizismus und sein autoritäres Pathos. Ich kannte damals Thomas Manns kleine Erzählung »Beim Propheten«, die vermutlich eine George-Karikatur sein sollte und war von Manns Formulierung beeindruckt, der Faschismus sei eine Verbindung von »Ästhetizismus und Barbarei«. Wie konnte ein sozialdemokratischer Politiker ausgerechnet Gedichte von Stefan George vorlesen? Erst sehr viel später wurde mir klar, daß der Umgang mit Georges Dichtung für Carlo Schmid auch eine Form der seelischen Distanzierung von der plebejischen Seite der Naziumwelt gewesen war. Der »Dritte Humanismus« des Georgeaners Wolfgang Frommel als gegensätzliches Ideal zum Nazismus hatte ihn angesichts der spießbürgerlichen Erbärmlichkeit der Naziwelt ermutigt und getröstet.

Nicht weniger kritisch nahm ich zusammen mit einem kleinen Kreis linker Studenten die Nachricht auf, Carlo Schmid habe sich einer Anzahl hoher HJ-Führer angenommen, weil er annehme, daß es sich bei ihnen um hochbegabte, aber irregeleitete Menschen handele, die man nicht sich selbst und ihrem Ressentiment überlassen dürfe. Die Tatsache, daß Carlo Schmid damals von ehemaligen HJ-Führern angesprochen wurde, die – von der Besatzungsmacht diskriminiert und verfolgt – entschlossen waren, durch soziale Arbeit angesichts der materiellen Not namentlich auch vieler Jugendlicher einen Beitrag zur Wiedergutmachung des von ihnen angerichteten Unheils zu leisten, war mir unbekannt. Aus dieser Initiative ist später das bis heute höchst erfolgreiche Jugendsozialwerk hervorgegangen.

Mit einem Vorhaben ist Carlo Schmid damals gänzlich gescheitert: Er wollte aus der kleinen Provinzzeitung »Schwäbisches Tagblatt« die führende deutsche Tageszeitung machen. Um das zu erreichen, hatte er auch schon wichtige Kontakte mit namhaften, nicht durch die Nazizeit belasteten, Journalisten aufgenommen und Schriftsteller für regelmäßige Mitarbeit gewonnen. Das Unternehmen scheiterte am Widerstand der französischen Besatzungsmacht und vermutlich auch an dem für Tübingen zu großen Vorhaben. Jedenfalls hatte ich Glück, weil meine ersten journalistischen Gehversuche in dem von Carlo Schmid geplanten Blatt kaum so leicht unterzubringen gewesen wären.

Als ich 1963 an die Universität Frankfurt/Main berufen wurde, begegnete ich Carlo Schmid – nun als jüngerer Kollege wieder. Zwar hätte er lieber den Sohn Thomas Manns, Golo Mann, nach Frankfurt geholt, aber dessen Berufung scheiterte am Einspruch Max Horkheimers, der Frau von Bila, der zuständigen Referentin im Kultusministerium andeutete, daß er mit Golo Mann nicht gut werde zusammenarbeiten können. Carlo Schmid hieß mich dennoch herzlich in Frankfurt willkommen, insistierte aber darauf, daß ich ein eigenes Seminar erhielt. Angesichts der damals noch üppig fließenden Gelder hatte ich nichts dagegen.

Der Bundestagsvizepräsident und Hochschullehrer Carlo Schmid nahm seine parlamentarischen und akademischen Pflichten ernst. Neben der Bonner Tätigkeit sei ihm kaum möglich, wie er mir sagte, sich über die neueren Arbeiten zur Politikwissenschaft »auf dem laufenden zu halten«. Ich verstand das als einen indirekten Hinweis auf meine Verpflichtung, das Fach so umfassend wie möglich zu vertreten. Damals gab es neben Carlo Schmid und mir noch keine weiteren politikwissenschaftlichen Lehrstühle in Frankfurt/Main.

Auf Störungen seiner großen Vorlesungen durch rebellische Studenten reagierte Carlo Schmid höchst ungehalten. Als während der heftigen Debatten um die Verabschiedung der »Notstandsgesetze« Studenten von ihm eine Diskussion über dieses Thema verlangten, lehnte er zunächst kompromißlos ab, akzeptierte aber schließlich, daß über den Vorschlag »Vorlesung fortsetzen oder Diskussion über die Notstandsgesetze« abgestimmt wurde. Die Abstimmung fiel zu seinen Gunsten aus, was die randalierenden rebellischen Studenten nicht davon abhielt, weiter zu stören. Die erhoffte Hilfe des Rektors Walter Ruegg blieb aus. Carlo Schmid lehnte aber auch ab, die Polizei zu Hilfe zu rufen, wie es einige Wochen später Theodor Adorno tat. Diese Zurückhaltung hielt ich für taktisch klug. Das Eingreifen der Polizei – wie später auch anläßlich einer Besetzung des Rektorats – führte regelmäßig zu »Solidarisierungen« und vergrößerte damit nur die Anzahl der protestierenden und rebellierenden Studenten. Ich war für die Aufnahme von Diskussionen.

Auch wenn es im Streit zwischen Professoren und Studenten zu einer harten verbalen Auseinandersetzung gekommen wäre, hätte

das gewiß eher zur »Deeskalation« des Konfliktes beigetragen. Zwei
Gründe waren es wohl, die dazu geführt haben, daß Carlo Schmid
sich anders entschied: Der wichtigste war, daß er sich nur zu gut
daran erinnerte, wie die Weimarer Republik dem Ansturm ihrer
Feinde von der äußersten Rechten und äußersten Linken hilf- und
wehrlos erlegen war. In den jungen studentischen Rebellen sah er
eine Art »Auferstehung« jener Feinde des demokratischen Rechtsstaates. Er war entschlossen, diesmal in seinem politischen Amt wie
als Professor den demokratischen Staat von Anfang an entschlossen zu verteidigen. Wir Jüngeren sahen diese Analogie nicht oder
jedenfalls nicht so wie Carlo Schmid. So ungehörig und aufsässig
sich viele Studenten auch gebärdeten – wir hielten ihnen immerhin
zugute, daß sie ehrlich glaubten, die Demokratie zu verteidigen und
gegen »konservative und reaktionäre Tendenzen« vorzugehen.
Petra Weber berichtet, daß Carlo Schmid für einen ehrlichen »revolutionären Studenten« wie Rudi Dutschke durchaus Verständnis
hatte, weil er bei ihm »existentiellen Ernst« erkannte.

Kurz vor der letzten Lesung der Notstandsgesetze gab es in Frankfurt eine Debatte im großen Saal des Hessischen Rundfunks, an der
eine Anzahl von Hochschullehrern und Autoren, unter anderen:
Adorno, Habermas, Fetscher, Mitscherlich und Hans Magnus Enzensberger, der evangelische Theologe Jürgen Moltmann und Rudolf
Augstein, teilnahmen. Alle kritisierten das Gesetz, am lautstärksten
Enzensberger, dessen kleine Rede in dem Satz gipfelte: »Schafft
endlich französische Zustände!« Damit waren die generalstreik-
ähnlichen Ereignisse in Frankreich gemeint. Moltmann beschwor
sogar die Erinnerung an die Bauernkriege herauf, was mich nicht
überzeugen konnte. Mein eigener Beitrag fiel – wie mir Augstein zu-
flüsterte – dadurch auf, daß er sich gegen die aufgeregte Stimmung
im Saal wandte. »In jedem anderen Land«, so führte ich in etwa
aus, »wäre dieses Gesetz, das in Zeiten erhöhter äußerer oder in-
nerer Bedrohung der Exekutive und einem Ausschuß des Parlaments weitgehende Vollmachten erteilt, unbedenklich. In einem Land
mit einer so belastenden Geschichte wie der unseren muß man sich
aber fragen, ob hiermit Gefahren verbunden sind, die es zu vermeiden gilt?«

Als wenig später die Reden publiziert werden sollten, scheiterte
das Vorhaben vor allem am Einspruch Enzensbergers. Sein Aufruf,
»französische Zustände zu schaffen«, hatte inzwischen nach dem
erneuten Wahlsieg de Gaulles seinen Sinn verloren oder ihn sogar

ins Gegenteil verkehrt. Im übrigen war das Gesetz definitiv verabschiedet und die Angst vor seinen Folgen nicht mehr recht nachvollziehbar.

Zur Feier seines 75. Geburtstages, den Bundestagspräsident Eugen Gerstenmaier für ihn ausrichtete, lud Carlo Schmid meine Frau und mich nach Bonn ein. Außer uns waren der Frankfurter Rektor Ruegg und neben führenden Mitgliedern der SPD Paul Mikat, Gräfin Dönhoff, Rudolf Augstein und andere Nicht-Sozialdemokraten geladen. Es gab frische, direkt aus Frankreich bezogene Austern als Vorspeise. Carlo Schmid bekannte sich zu seiner Gourmandise, und wir genossen an diesem Tag die Austern mit ihm.

Am Rande kam das Gespräch auf die Frage des Mehrheitswahlrechts, für das manche in der CDU/CSU wie in der SPD eintraten. Nachdem eine Weile das Pro und Contra beredet worden waren, meldete sich bärbeißig und kurz Herbert Wehner zu Wort: »Kann man nicht machen. Davon war im Wahlkampf keine Rede. Wähler dürfen nicht beschissen werden.« Damit war die Debatte beendet. Anders als bärbeißig, autoritär und kurz konnte Wehner wohl nicht reden. Man spürte aber, daß bei aller Verschiedenheit der Charaktere und Temperamente Carlo Schmid ihm nicht gleichgültig war. Als ihn einmal ein schwerer Verlust getroffen hatte, erhielt Schmid von keinem anderen seiner Parteifreunde einen ebenso einfühlsamen und anteilnehmenden Brief wie von Herbert Wehner. Der strenge Zuchtmeister seiner Partei war zwar ein Machtmensch wie kaum ein zweiter, Macht hat er aber nie für sich gewollt, sondern immer nur für »seine Partei«.

Horst Ehmke

Den Namen Carlo Schmid habe ich 1946 oder 1947 als Göttinger Student zum ersten Mal gehört. Dann lernte ich Carlo Schmid als Redner und als Schriftsteller kennen. 1952 kam ich – auf den Spuren meines Freundes Wilhelm Hennis – als wissenschaftlicher Mitarbeiter von Adolf Arndt, dem »Kronjuristen« der SPD-Bundestagsfraktion, in Carlos politische und persönliche Nähe. Mich zog dieser ungewöhnliche Mann an, weil er sich auf zwei Spannungsfeldern bewegte, die mich beschäftigten, dem von Wissenschaft und Politik und dem von bürgerlicher, bildungsbürgerlicher Herkunft und sozialdemokratischem Engagement.

Dieses Engagement wurde von Carlos Überzeugung getragen, daß das politische Unglück unseres Volkes – wenn es gestattet ist, Thomas Manns mildes Wort vom »Unglück« aufzunehmen – das Unglück seiner bürgerlichen Epoche war und nicht zuletzt in der unpolitischen bürgerlichen Bildung wurzelte. Carlo teilte die schmerzliche Einsicht Thomas Manns, daß eine Kultur ganz nahe der Barbarei wohne, die das Politische und Soziale aus ihrem Gesichtskreis ausschließe. Das habe die gebildete deutsche Mittelklasse, das deutsche Bürgertum getan, und daran sei es zugrunde gegangen.

Diese Einsicht führte bei Carlo – der als Kriegsverwaltungsrat im besetzten Frankreich seinen humanistischen Überzeugungen mit stillem Mut treu geblieben war – zu heftigen Selbstvorwürfen. Er und seinesgleichen waren demnach am Sieg der Barbarei mitschuldig, trotz und möglicherweise gerade wegen ihrer elitären Bildungsideale.

Daher wandte sich Carlo 1945 der Politik und der Sozialdemokratie zu. Diese hatte gegen den Nationalsozialismus Widerstand geleistet und ihre Selbstachtung bewahrt. Sie brauchte nach dem Krieg ihren Namen nicht zu ändern. In ihren Reihen entdeckte Carlo den Bürgersinn, den Gemeinsinn, an dem es das Bürgertum hatte fehlen lassen. Carlos elitäre Bildungsideale verbanden sich – gewiß nicht widerspruchsfrei – mit der Überzeugung, daß ein politisches Gemeinwesen nur so viel wert ist, wie ihm seine einfachen Leute wert sind. Von einer Verklärung der sogenannten »kleinen Leute« war er dabei weit entfernt, er biederte sich ihnen nie an. Er blieb ein Herr und blieb seinen Idealen treu, die er samt seiner immensen Bildung in die Sozialdemokratie hineintrug.

Carlo Schmid erlebte in der SPD viele Enttäuschungen, was nicht nur an der Partei lag. Vielen erschien er – jedenfalls bis »Godesberg« – in den Reihen der SPD als ein Fremdkörper. Die einfachen Leute wußten es besser, wenn sie stolz erklärten: »Der Herr Professor g'hört ons, gell?«!

Der wichtigste Ratschlag, den Carlo Schmid mir als jungem Mann gegeben hat, war durchaus bürgerlicher Natur. Er riet mir nachdrücklich, nach dem Referendar- und dem Doktorexamen nicht gleich in die Politik zu gehen. Erst solle ich meine juristische Ausbildung abschließen und mich habilitieren. Dabei stand für ihn nicht so sehr das Argument im Vordergrund, daß dann beide Seiten mehr voneinander hätten. Vielmehr meinte er: »Dann bist du selbständig und kannst Zumutungen zurückweisen.« An den Rat habe ich mich gehalten.

Wie Petra Weber in ihrer Biographie geschildert hat, verband Carlo Geistesfreuden mit Sinnesfreuden, was ihm das zweifelhafte Etikett des »Renaissance-Menschen« eingetragen hat. Für uns junge Bürgerliche in der SPD wurde er zum Schutzpatron, wenn kleinbürgerliche Enge sich als Askese drapierte und uns zu gängeln versuchte. Daran, daß unsere Demokratie und unser Parlament beim Stichwort »Lebensfülle« gelegentlich etwas blaß wirken, trägt Carlo keine Mitschuld.

Vor allem aber war Carlo für die Jüngeren über Jahrzehnte hinweg ein treuer Gesprächspartner. In seinem Kreis bzw. seinen Kreisen wurde durchaus Tagespolitik durchgehechelt und ein bißchen getratscht. Carlo konnte begeisternd loben und hinreißend lästern. Es überwog aber das ernsthafte Gespräch. In ihm wurden Politik, Geschichte, Theologie, Philosophie, Kunst und Poesie nie voneinander isoliert. Diese Gesprächskultur ist in Bonn und, so fürchte ich, in der deutschen Politik mit Carlo gestorben. Das ökonomische Kalkül, dem heute infolge der Säkularisierung das Gegengewicht fehlt, hat unsere Gesellschaft verarmen lassen.

Vor etwas weniger als siebzehn Jahren, im Dezember 1979, lud Carlo zu einer etwas verspäteten Geburtstagsfeier in sein kleines Landhaus im Siebengebirge ein. Seine gerade erschienenen »Erinnerungen« sollten mitgefeiert werden. Bald wurde aber deutlich, daß Carlo in Wirklichkeit Abschied nehmen wollte. Er wußte, daß er bald sterben würde. Ich habe diese schönen, würdigen Stunden nicht vergessen. Zum Schluß umarmte er uns. Zwei Tage später war er tot.

Willy Brandt sagte dem Freund und Genossen im alten Plenarsaal des Bundestages ein letztes Adieu. Dann wurde Carlos Sarg auf das Stresemann-Ufer hinausgetragen und der Bundeswehr zur Fahrt nach Tübingen übergeben. Es war ein föhniger Tag. Der Rhein führte Hochwasser. Ein starker Wind peitschte den Fluß und jagte Wolkenfetzen über den durchsichtigen Himmel. Es war, als brause Carlos Geist davon. Es war aber nicht der Wind, der uns die Tränen in die Augen trieb.

Zum Schaden unseres Parlaments ist Carlo Schmid nie Präsident, sondern nur einer der Vizepräsidenten des Bundestages gewesen. Dennoch übertrifft er an Popularität, an ehrendem, ja liebendem Gedenken alle bisherigen Bundestagspräsidenten. Warum? Die Antwort auf diese Fragen enthalten möglicherweise der nachstehende Text von Carlo und die daran anschließende Geschichte.

Carlo schilderte seine erste Begegnung mit Kurt Schumacher Mitte der 20er Jahre als Student in Tübingen wie folgt: »Kurt Schumacher trat an das Pult. Er stand da, schweigend, mit der Linken den aufgebördelten Rand des Pultes umfassend. Plötzlich schnellte diese Hand vor, als zucke eine Degenklinge nach einem Herzen. Ich sehe sie noch vor mir, diese Hand, deren schmale Finger so dicht aneinander lagen, daß man an eine geschmiedete Waffe denken mochte; diese Hand, in der mir mit einem Male die ganze Herzkraft eines Mannes verdichtet schien, der bereit ist, je und je auf Tod und Leben zu fechten. Und mit dem Vorschnellen dieser Hand kam der erste Satz – mir ist, als klinge er mir noch in den Ohren, der Satz: Die Möglichkeiten der Demokratie in einem Volk sind proportional zu dem Maße der Selbstachtung, die dieses Volk für sich aufbringt und zu verteidigen bereit ist.«

Dazu zwei Anmerkungen: Erstens: Selbst diejenigen, denen dieser Stil altmodisch erscheint, werden zugeben müssen, daß die Sprach- und Bildkraft der politischen Rede in Deutschland seitdem nicht zugenommen hat. Und zweitens: »Selbstachtung« wurde für Carlo zum Schlüsselwort für das Verständnis von Demokratie und Parlament. Walter Jens hat in seinem Vortrag »Pathos, Witz und Ironie – über den Redner und Schriftsteller Carlo Schmid« anhand einer Bundestagsrede aus dem Juli 1950 aufgezeigt, was Carlo unter Selbstachtung des Parlaments verstand. Der Bundestag darf nie aufhören, sich selbst zu fragen, ob er diesem Maßstab gerecht wird – sei es in seinem Verhältnis zur Regierung, zum Bundesverfassungsgericht und zu den Ländern oder zum seltsamen Vorschlag einer sogenannten unabhängigen Diätenkommission.

Zum Schluß die angekündigte Geschichte: Ende Februar 1972 fand im Bundestag die erste Lesung der Ostverträge statt. Schlußredner am dritten und letzten Tag der Debatte war Carlo Schmid. Es war ein Freitag mittag. Die Bundestagskollegen wollten nach Hause und in ihre Wahlkreise, Bundeskanzler Brandt mußte zu einem Bundeswehrbesuch nach Ulm. Alle hofften also auf Kürze. Carlo ignorierte diesen Wunsch souverän. Er begann mit einer sanften Beschwerde: »Ich komme mir vor wie jemand, der das Schlachtfeld aufräumen muß. Auch das hat seine Ehre; nur ist sie ein bißchen melancholischer als anders zu erwerbende.« Damit schob er die Verträge und die Debatte beiseite, um sich als ältestes Mitglied des Bundestags

anhand eigener Erlebnisse und Erfahrungen über die deutsche Geschichte, insbesondere die deutsche Nachkriegsgeschichte zu ver-
breiten. Bei einem anderen Redner hätte der Kanzler sich beim
Präsidenten entschuldigen und gehen können, nicht bei Carlo. So
saßen wir immer ungeduldiger.

Carlo fügte seinem Zeitzeugenbericht noch einen Exkurs über
das richtige Verständnis von »Nation« hinzu. Renans berühmte Formel vom täglichen Plebiszit fehlte darin ebensowenig wie Carlos
Erinnerungen an seinen Großvater, der 1866 in der Schlacht bei
Tauberbischofsheim von der Kugel aus einem preußischen Zünd-
nadelgewehr getroffen worden war, aber – so Carlo – doch ein ebenso guter deutscher Patriot gewesen sei wie die Preußen, die auf ihn
geschossen hätten.

Nach etwa einer Stunde bat Bundestagspräsident von Hassel den
»Kollegen Professor Schmid«, doch bitte »langsam zu einem Schluß
zu kommen«. Carlo beugte sich dieser Bitte.

Als ich nachts vom Kanzlerbesuch beim II. Korps nach Hause
kam, überraschte mich meine Frau mit der Mitteilung, Carlos Rede
sei die bei weitem beste der ganzen Debatte gewesen. Ich erspare
mir und Ihnen die Wiedergabe meines damaligen Kommentars.
Doch dann las ich die Rede, wie auch jetzt wieder, noch einmal. Ich
mußte und muß ihm Abbitte tun: Er hatte am Ende einer teilweise
bitteren Debatte die Ostverträge – über die er nicht sprach – auf
ganz persönliche Weise in den Zusammenhang deutscher Geschichte
gestellt und damit an generations- und parteiübergreifende Gemein-
samkeiten erinnert. Ich hatte nur keine Geduld gehabt, richtig zu-
zuhören.

Dies veranlaßt mich zu einem Vorschlag an die Bundestagspräsidentin. Wenn der Reichstag zum neuen Bundestag umgebaut worden ist, sollte in der Eingangshalle folgender Satz aus einer Parla-
mentsrede Carlo Schmids angebracht werden:

> »Das Volk will sein Parlament nicht sehen
> als ein Gremium von Fachleuten,
> als eine Art diskutierender Ersatzbürokratie,
> als ein Kollegium von Technokraten,
> sondern als eine Einrichtung, bei der es auch
> – und ich möchte sagen: vordringlich –
> auf das Herz ankommt.«

Karl Moersch

Carlo Schmid erlebte ich zum ersten Mal im Frühsommer 1947, als
man im neugewählten Landtag von Südwürttemberg-Hohenzol-
lern über eine Rechtsfrage diskutierte. Ort des Geschehens war das
ehemalige Kloster Bebenhausen. Die Abgeordneten versammelten
sich wie immer im alten Refektorium. Einen anderen Tagungssaal
gab es nicht. Auf der Regierungsbank saß Carlo Schmid an zweiter
Stelle neben dem kurz zuvor gewählten Staatspräsidenten Lorenz
Bock von der CDU, einem Rechtsanwalt aus Rottweil, der als einsti-
ger Abgeordneter des Zentrums große politische Erfahrung in sein
neues Staatsamt mitbrachte. Carlo Schmid amtierte nach dem Wahl-
ergebnis vom 18. Mai 1947, das für ihn und die Sozialdemokraten
sehr enttäuschend ausgefallen war, weiterhin als Leiter des Justiz-
ressorts, war nun aber nicht mehr erster Repräsentant des von der
französischen Besatzungsmacht geschaffenen Landes, sondern stellvertretender Präsident.

Zwei Dinge blieben mir im Gedächtnis: Zum einen die dialektfreie
Artikulation und der feierliche Ton, den Carlo Schmid in seiner
kurzen Rede anschlug, zum anderen die Leibesfülle und Körper-
größe. Neben seinem Stellvertreter schien der zierliche Lorenz Bock
fast zu verschwinden. Der großgewachsene, aber ziemlich abgema-
gerte Wirtschaftsminister Eberhard Wildermuth, ein alter Wegge-
fährte Carlos aus dem württembergischen Studentenbataillon in
der Zeit nach dem Ersten Weltkrieg, verstärkte den Kontrast noch,
als er sich in einer Beratungspause mit seinem Kollegen vom Ju-
stizressort unterhielt. Wir Zuhörer, allesamt erst vor kurzem aus
Krieg und Gefangenschaft heimgekehrte, politisch interessierte Studenten, begannen bei diesem Anblick über die Ernährungsprivile-
gien eines Regierungsmitgliedes zu diskutieren. Die Rationen in der
französischen Besatzungszone waren zu jener Zeit besonders knapp
bemessen, und unsere Hauptnahrung in Tübingen bestand aus
Steckrüben und syrischen Linsen. Einer der Zuhörer, der wie ich
Carlo Schmid noch nicht kannte, meinte, der Justizminister und
Vorsitzende der Sozialdemokraten besitze vielleicht irgendwo im
Lande einen Anteil an einem Bauernhof oder habe einen Freund
mit eigener Schweinezucht. Ganz mit rechten Dingen, darin waren
wir Studenten uns einig, schien es in dieser neuen Landesregierung
nicht zuzugehen. Das hohe Niveau der Diskussion blieb uns indes-
sen nicht rätselhaft. Gewiß: Carlo Schmid war in der Geschliffen-

heit seiner Argumentation, im Wohlklang seiner Rede unübertroffen. Aber der gerade einmal 60 Mitglieder zählende Landtag besaß auch andere bedeutende Redner, etwa den schon erwähnten Eberhard Wildermuth und Gebhard Müller, den Fraktionsvorsitzenden der CDU, der bei betont nüchterner Redeweise durch den Inhalt des Gesagten beeindruckte. Der damals schon über 80 Jahre alte ehemalige Reichsgerichtsrat Prof. Niethammer, ein aus Leipzig zurückgekehrter Repräsentant des alten evangelischen Württemberg, darf in diesem Zusammenhang ebenfalls nicht vergessen werden. Als eindrucksvoller Debattenredner tat sich in jenem Landtag auch ein junger Sozialdemokrat hervor, Fritz Erler, damals Landrat von Tuttlingen. Schließlich erwies sich Carlo Schmids Freund, der sozialdemokratische Innenminister Viktor Renner, als rhetorisches Naturtalent. Am deutlichsten aber unterschied sich Carlo Schmids Redeweise von all dem, was wir in unserer Schulzeit von den NS-Größen gehört und gesehen hatten. Wie kein anderer stellte er in Habitus und Redestil den Bildungsbürger dar, den Repräsentanten einer Welt, die wir, die kaum mehr als 20 Jahre alten Kriegsteilnehmer und Heimkehrer, bis dahin nur vom Hörensagen gekannt hatten. Es gab Zweifel, ob dieser Tübinger Landgerichtsrat mit akademischer Lehrbefugnis, der von den Sozialdemokraten und für die Sozialdemokraten erst kurz zuvor entdeckt worden war, den schon in Weimarer Zeit erprobten Politikern auf Dauer gewachsen sein würde. Vor allem der Wahlkampf, den die SPD unter Carlo Schmids Vorsitz im Frühjahr 1947 in Südwürttemberg führte, nährte solche Zweifel. Man hatte sich bei den Verfassungsberatungen mit der CDU auf einen merkwürdigen Kompromiß geeinigt: Die SPD akzeptierte die Konfessionsschule, die CDU hingegen sagte ja zu einem Sozialisierungsartikel in der Verfassung. Dessen Umsetzung hing im Gesetzgebungsverfahren allerdings von einer Mehrheit ab, über die, wie jeder einigermaßen Kundige nach den vorangegangenen Kommunalwahlen vermuten mußte, wahrscheinlich eine christlich-demokratische, aber keine sozialdemokratische Mehrheit verfügen würde. Da die Demokraten – angetreten unter dem Parteinamen »Demokratische Volkspartei« – und die Kommunisten den Verfassungskompromiß aus unterschiedlichen Motiven ablehnten, war die SPD im Wahlkampf einem Angriff von zwei Seiten ausgesetzt. Am Wahlabend erreichte sie mit knapp über 20 % Stimmenanteil nur ein bescheidenes Ergebnis. Der inzwischen weit über Tübingen hinaus populäre Carlo Schmid hatte das von ihm als

Debakel empfundene Ergebnis mit seiner Person nicht verhindern können.

An der Universität Tübingen mußten in den ersten Jahren nach dem Krieg Professoren mit NS-Vergangenheit durch unbelastete Lehrer ersetzt werden. Dank der engen Zusammenarbeit mit dem französischen Universitätsoffizier René Cheval und dank der guten Kontakte, die Carlo Schmid zu dem französischen General Widmer und wohl auch zu wichtigen Repräsentanten Frankreichs im Baden-Badener Hauptquartier pflegte, gelang es in erstaunlich kurzer Zeit, eine Reihe von bedeutenden Wissenschaftlern, die vor den sowjetischen Truppen in den Süden und Westen Deutschlands geflohen waren, nach Tübingen zu holen und ihnen dort Forschungsmöglichkeiten zu verschaffen. Die Nachkriegsjahre erwiesen sich im Rückblick für die Universität Tübingen als eine glanzvolle Zeit, ein Blick in die alten Vorlesungsverzeichnisse beweist es. Nicht zuletzt das Ansehen, das sich Carlo Schmid als Völkerrechtler erworben hatte, mag damals manchen Gelehrten zum Wechsel und zum Neubeginn ermutigt haben.

Während Carlo Schmids Tätigkeit im Parlamentarischen Rat war ich politischer Redakteur einer südwestdeutschen Regionalzeitung, der »Rheinpfalz«, und bewunderte, wie souverän Carlo Schmid dem Hauptausschuß des Rates präsidierte. Sein Werben für ein Besatzungsstatut, also eine rechtlich verbindliche Definition und Abgrenzung von Kompetenzen der Besatzungsmächte und der inzwischen überall demokratisch gewählten deutschen Verfassungsorgane, war eindrucksvoll. Schwierigkeiten hatte ich damals allerdings mit einem großen Aufsatz, den er nicht als Carlo, sondern als »Karl Schmid« in der von Benno Reifenberg gegründeten »Gegenwart« publizierte. Der Beitrag handelte von der Frage, ob der deutsche Staat mit der bedingungslosen Kapitulation des Deutschen Reiches untergegangen sei oder nicht. Dem bayerischen Verfassungsverständnis zufolge, das wir vor allem Prof. Hans Nawiasky verdanken, lag ein rechtlicher Neuanfang vor. Carlo Schmid teilte die bayerische Auffassung nicht, sondern trat für die Kontinuität, die Fortexistenz eines immer noch regierungslosen Deutschen Staatswesens ein. Der Aufsatz erschien mir sehr gescheit, jedoch äußerst kompliziert und nicht immer zwingend in den Folgerungen. Alles, was Carlo Schmid – wohl auf Wunsch von Reifenberg – schrieb, war zwar elegant formuliert, aber für einen Nichtjuristen wie mich nur schwer verständlich. Von Konrad Adenauer indes, dem Präsidenten des Parlamentarischen Rates, hatte ich ähnlich subtile Überlegungen zu einer der Grundfragen, ja vielleicht der wichtigsten Frage in den Verfassungsberatungen, nie gelesen oder gehört. Als Vorsitzender des Hauptausschusses des Parlamentarischen Rates, daran gab es nicht den geringsten Zweifel, war Carlo Schmid der bestmögliche Mann. Über all das diskutierten wir einmal in der Redaktion, angeregt von den beiden pfälzischen Ratsmitgliedern Friedrich Wilhelm Wagner und Dr. Albert Finckh. Ein Kollege meinte, er teile die von Finckh geäußerte Ansicht, daß der Präsident des Rates eher für Machtfragen, Carlo Schmid aber für Fragen des Rechts und der Staatsmoral zuständig sei.

Etwa ein Jahr vor seinem Tod besuchte ich Carlo Schmid in seinem Haus im Siebengebirge. Ich sollte für eine Zeitschrift einen Beitrag über die Gründerväter der Bundesrepublik Deutschland liefern. Wie ließen in diesem Gespräch Personen und Ereignisse von damals Revue passieren, und ich fragte Carlo Schmid, was für ihn beim Neubeginn besonders wichtig gewesen und worauf er rückblickend am meisten stolz sei. Er antwortete ohne jedes Zögern, am wichtigsten sei ihm, daß im Grundgesetz die gerichtliche Nachprüfung jeden Verwaltungsaktes festgeschrieben sei. Damit werde der Bürger vor Behördenwillkür geschützt. In Frankreich existiere dieser Schutz leider nicht in gleicher Weise. Als ich wissen wollte, was darüber hinaus von besonderer Bedeutung gewesen sei, nannte Carlo Schmid die Abschaffung der Todesstrafe. Meinen vorsichtigen Einwand, daß der Antragsteller in diesem Punkt Friedrich Wilhelm Wagner aus Ludwigshafen gewesen sei, ließ Carlo Schmid nicht gelten. Das treffe zwar formal zu, aber er selbst, Carlo Schmid, habe unzweifelhaft das Verdienst, der Haupturheber dieses Beschlusses gewesen zu sein. Darauf sei er besonders stolz. Nach der Lektüre der Biographie von Petra Weber verstehe ich besser als bei unserem Gespräch im Siebengebirge, wie stark Carlo Schmid in seiner Haltung zur Todesstrafe von eigenen Kriegserlebnissen geprägt war.

Von meinem Eintritt in den Bundestag an hatte ich das Gefühl, daß der Vizepräsident Carlo Schmid die jungen unter seinen schwäbischen Landsleuten mit besonderem Wohlwollen behandelte. Aus dem Handbuch entnahm er, daß ich in Ludwigsburg wohne, wo er zusammen mit Heuss das Deutsch-Französische Institut gegründet hatte. Bei einem zufälligen Zusammentreffen in der Lobby des Bundestages wollte er von mir wissen, wie denn inzwischen die Bezie-

hungen zur Partnerstadt Montbéliard – er sagte nicht Montbéliard,
sondern benützte das württembergische »Mömpelgard« – gediehen
seien. Auf diese erste deutsch-französische Partnerschaft könnten
wir stolz sein. Das alte Mömpelgard mit seinen Lutheranern sei
überdies ein historisch ungemein anregendes Thema. In dem kurzen Gespräch fiel auch der Name des aus Montbéliard stammenden
einstigen Carls-Schülers Georges Cuvier – Carlo erwies sich als glänzender Kenner der Materie. Er benötigte nur ein Stichwort, um
sein Gedächtnis zu mobilisieren.

Bei einer landsmannschaftlichen Runde mit Kurt Georg Kiesinger, Bruno Heck und Erwin Schöttle im Haus Baden-Württemberg
fielen die Stichwörter Hesse und Calw. Das sei mein Geburts- und
Schulort, sagte ich. Sofort wollte Carlo Schmid Näheres über meine
Jugendzeit erfahren. Ich war erstaunt, wieviel er über Calw wußte,
auch über Teinach, den Zavelstein und Hirsau. Nach der Lektüre
der Schmid-Biographie ist das Rätsel gelöst: Er war im benach-
barten Weil der Stadt zur Schule gegangen. Die Vermutung liegt
deshalb nahe, daß Hirsau, Teinach, Liebenzell und der Zavelstein
beliebte sonntägliche Ausflugsziele der Familie Schmid waren. Doch
von Weil der Stadt und den wenig freudvollen Jugendjahren sprach
Carlo Schmid mit keinem Wort.

Peter von Zahn

Für Journalisten war Carlo Schmid während der ersten Nachkriegsjahre eine sehr erfreuliche Fundgrube.

Er plauderte keine Geheimnisse aus. Er war sehr diskret. Aber
sein Bedürfnis, die Ereignisse im Dialog zu analysieren, war unstill-
bar. Diese Gespräche endeten mit melancholischen Betrachtungen
der eigenen Galeerensklaverei oder in parodistisch-satirischer Ulk-
laune. Seine naive Lust zu zitieren und zu dozieren brauchte nicht
lange wachgekitzelt zu werden. Wer dann die literarischen Anspie-
lungen richtig einordnete, konnte Vorgänge auch erraten, obwohl
sie im Gespräch mit keinem Wort berührt wurden.

Ein Beispiel hierfür ist seine »Parlamentarische Elegie im Januar«, die er auf einem Gesellschaftsabend des Parlamentarischen
Rates in der Karnevalszeit 1949 vortrug. Da ich seit frühen Nach-
kriegstagen Carlo Schmid in Bonn und Tübingen häufig traf, ge-
stattete er mir, den Text in ein poetisches Zwiegespräch zwischen

uns beiden umzuschreiben. Bevor wir im Rahmen meiner wöchentlichen Reportagesendung im Nordwestdeutschen Rundfunk am 23. Februar 1949 dieses Duett anstimmten, besorgte ich mir – so artig waren Journalisten damals – die Erlaubnis des Präsidenten des Parlamentarischen Rats. Konrad Adenauer nannte Carlo Schmid »einen sehr talentierten Mann«, gab seine Einwilligung – sogar mit einem Anflug von Befriedigung, wie mir schien – und geleitete mich zur Tür. So höflich waren vor einem halben Jahrhundert Politiker. Zunächst meine Einleitung in das Gespräch:

»Weh mir, dem Fremdling, fahrlässig entsandt vom
    Nordwestdeutschen Rundfunk,
daß ich berichte dem Volk schnellzüngig am Mikrophon,
was sich begibt in den Hallen des Parlamentarischen Rates
über den Ufern des Rheins, außen am Weichbild von Bonn.

Weh mir nochmalig, denn unkundig bin ich des
    parlamentarischen Tons,
kenne kaum ein Gesicht, kaum einen Namen im Rat.
Wie soll ich wissen, wer's ist, was man plant, was man flüstert
    und tuschelt,
wie gar berichten davon, unkundig wie ich doch bin?

Dank sei den Göttern. Dort seh' ich den Mann, der geschickt mir
    zu helfen!
So wie ein Turm ragt er auf, teilt das Gewühl mit dem Leib,
Carlo, der Schmid, der Vorkämpfer der Sozialdemokraten.
Mächtig an Haupt und an Haar wandelt er dröhnend heran.
Carlo, o Held! O vergönn dem fremden Reporter die Fragen:
Wer ist wohl jener – und dort, welche Partei vertritt der?
Nenne die Namen, verbirg nicht den Klatsch, denn Du weißt es
    ja alles.
Süß ist wie Honig Dein Wort. Rüste Dich zum Interview.«

Carlo Schmid mit getragener Stimme:
»Siehe, wir zogen zum Rheine, um dort um den Ölzweig zu
    ringen,
den Athene seit je rankt um die Stirn des Manns,
der seinem Volke die Burg baut und heiligen Tafeln die Satzung
    einschreibt,
die ihm das Glück vieler Geschlechter verbürgt,

wenn es sie treulich bewahrt, und wehrt aller Lockung der Bösen,
die im Gewande des Lamms bergen den wölfischen Zahn.«

Peter von Zahn:
»Hoffentlich meinst Du nicht mich,
sondern sprichst allegorisch,
doch sage,wer ist der würdige Greis,
der auf dem Sessel dort sitzt?«

Carlo Schmid:
»Hoch über allen thront Konrad, dem sinnenden Gotte
    vergleichbar,
und wie es Fürsten geziemt, mischt er sich selten dem Volk.
Fast ins Gewölke entrückt, spinnt kunstreicher Hand er die
    Weisheit,
die er zu köstlichem Hort sich gestapelt,
als er lenkte Coloniens Geschick.
Pflegt nur noch Rats mit sich selber,
keinem verrät er es je, was er da heimlich sich raunt,
denn seine Güte verbietet, auf Schultern, die schwächer als
    seine,
laden des Wissens Gewicht. Dieses trägt er allein ...«

Auszug aus der »Parlamentarischen Elegie« von Carlo Schmid, Januar 1949

Der Journalist ebenso wie der Rundfunkhörer mit politischem Erinnerungsvermögen faßte diese Verse zunächst als Reverenz auf.
Kurz zuvor hatte die Parteiführung der SPD mit Kurt Schumacher
an der Spitze erbost und erbittert Adenauers Abwahl als Ratsvor-
sitzenden gefordert. Historiker sprechen von der »Frankfurter Affaire« und meinen damit heftige Konflikte zwischen Föderalisten
und Zentralisten im Parlamentarischen Rat – Konflikte, die Adenauer dazu benutzte, sich die Unterstützung der Militärgouverneure für die Auffassung der CDU/CSU zu verschaffen. Der Streit
festigte seinen Ruf, sich um Abmachungen mit den Kollegen im Parlamentarischen Rat nicht sonderlich zu kümmern und ein Mann
der einsamen Entschlüsse zu sein.

Im Verlauf dieser »Affaire« geriet Carlo Schmid – nicht zum ersten Mal und auch nicht ganz ohne eigene Schuld – zwischen die
Mühlsteine Adenauer und Schumacher. Die Desavouierung Adenauers hätte das Ende der Zusammenarbeit mit der Union und damit
des Parlamentarischen Rats oder aber den Triumph der zentrali-
stischen Schumacher-Linie bedeutet oder beides. Bei aller Loyalität
zur Parteiführung in Hannover konnte Carlo Schmid weder das eine
noch das andere wünschen. In dem einen wie im anderen Fall waren
scharfe Reaktionen der Militärgouverneure zu erwarten. Konnte
man sich eine langwierige Unterbrechung des Annäherungspro-
zesses zwischen der embryonalen Bundesrepublik und den Demo-
kratien des Westens leisten?

Carlo Schmid witterte in Kurt Schumachers Strategie die Gefähr-
dung der weiteren Zusammenarbeit mit den Alliierten. Die Parteiführung in Hannover forderte in der Presse den Mißtrauensantrag
gegen den Präsidenten des Parlamentarischen Rats. Schmid la-
vierte. Schumacher und seine Helfer übten auf ihren Mann in Bonn
massiven Druck aus; sie steigerten sich in Vorwürfe gegen ihn, als
die sozialdemokratischen Mitglieder des Rates mit 19 gegen 3 Stimmen zu ihrem Fraktionsführer hielten und damit die Einbringung
eines Mißtrauensantrages durchkreuzten. Die »Frankfurter Affaire«
wurde schließlich mit einer Erklärung der Fraktionen über wech-
selseitigen Respekt ad acta gelegt.

Zwischen dem Parteivorsitzenden in Hannover und dem Führer
der sozialdemokratischen Abgeordneten am Rhein entwickelte sich
aber eine dauerhafte Verstimmung. Angesichts der Verleumdun-
gen und Unterstellungen in der öffentlichen Diskussion fiel damals
die Mäßigung angenehm auf, mit der Carlo Schmid dem Führer

der Konkurrenzpartei CDU und Ratspräsidenten in ironischen Versen seine Reverenz erwies. Das allein mußte die Vertreter der harten Linie in Hannover ärgern.

Die »Parlamentarische Elegie« läßt sich als Versuch der politischen Selbstbehauptung Carlo Schmids deuten. Selbst vom Krankenbett her war die Präsenz des Parteiführers Kurt Schumacher erdrückend. Die Behandlung des empfindlichen Professors bei Strategiegesprächen in Hannover stellt Schumachers Menschenkenntnis kein gutes Zeugnis aus. Jedenfalls brauchte Carlo Schmid ein Ventil für seinen Ärger. Er suchte nicht die offene Feldschlacht, zettelte keine Intrige an, sondern reagierte als Literat, der er vornehmlich war, mit Ironie und Satire.

Bei der Lektüre der Elegie mit der heutigen Kenntnis des damaligen Geschehens, fällt auf, daß Carlo Schmid seinen sozialdemokratischen Parteifreunden nicht nur Lorbeerkränze flocht. Er differenzierte. Man merkt, daß er den Kollegen Rudolf Katz schätzte, der bei erster Gelegenheit aus dem amerikanischen Exil zurückkehrte und von seinem Freund, dem Hamburger Bürgermeister Max Brauer, in den Parlamentarischen Rat lanciert wurde. Katzens lebendige Kenntnis der föderalen Struktur des amerikanischen Staatswesens und seiner Gerichte »half uns über viele Hürden hinweg«, wie sich Carlo Schmid in seinen Erinnerungen ausdrückt.

In der Elegie »erhebt sich Held Rudolf und schlägt mit dem Schwerte des Scharfsinns Seebohms Hydra den Kopf-hockenden Rumpf mittendurch«, wie Carlo Schmid formulierte.

Von dem alten Hamburger Gewerkschafter Adolph Schönfelder sagte er:

»Einst war zu Hamburg er Herr über sämtliche Büttel,
die nächtens wachten über dem Gold ...
Nun ist sein Amt zu wachen,
daß Konrads heilige Macht nicht über das Maß sich erhebt,
das einem Sterblichen frommt.«

Carlo Schmid spricht in seinen Erinnerungen von Adolph Schönfelder wie auch von Paul Löbe mit Hochachtung. Dagegen schleicht sich in die Charakterisierung des stellvertretenden Fraktionsführers Walter Menzel jene Art von Ironie ein, die man sich für einen grundanständigen, eifrigen, im Ganzen aber zu pedantischen Doktrinär aufbewahrt. Carlo Schmids Erinnerungen bestätigen diese Tendenz.

Carlo Schmid:

»Kummer auch macht Konrad oft das rötliche Fähnlein,
dem Walter Menzel führet das Wort, mild doch bezwingend an Kraft.
Oben im rußigen Land ist er einer der Höchsten,
und dort hat er im Rate schon oft Konrads Weisheit betrübt.
Ist er doch einer der Rufer im Streit,
die alles, was heilig ihm und den Seinen,
in Staub ziehen – und dürften's doch nicht.
Denn wozu ist denn die Welt geschaffen nach göttlichem Ratschluß?
Ist's denn nicht, daß, wer besitzt, bleibe in seinem Besitz?
Ja, auch in Bonn treibet lose sein Spiel der schreckliche Walter,
weigert den Ländern das Recht, niederzuzwingen den Bund!
So vermessen kann nur sein, wer selbst das Elternrecht höhnet,
und er fordert sogar eigene Wächter dem Bund.«

Eine Ironisierung der konservativen Grundhaltung Adenauers? So wurde es wohl von den meisten Rundfunkhörern verstanden. Bei zweitem Hinhören ist aber die eigentliche Zielscheibe des Witzes nicht Adenauer, sondern die weltfremde Theorie des sozialdemokratischen Dogmatikers Menzel. Es ist zwar nicht das »Alles oder Nichts« Schumachers. Aber dem stellvertretenden Fraktionsführer Walter Menzel bescheinigen Carlo Schmids Erinnerungen »pedantischen Ernst«. Er habe seine Kollegen dauernd gezwungen, die Konsequenzen der gestellten Anträge daraufhin »durchzurechnen«, ob nicht eigene Unbedachtsamkeit oder gegnerische List darin stecke. »Mir war soviel Wachsamkeit fremd«, schreibt der dem Kleinkram abholde Carlo Schmid. »Und ich war dankbar, daß Walter Menzel diese Tugend in so hervorragendem Maße besaß.«

Deutlich spürbar ist die große Distanz, die der Schöngeist halb unbewußt zwischen sich und den wackeren Funktionär legte. Kurt Schumacher setzte den preußischen Zentralismus in der SPD durch und hoffte, ihn in Deutschlands künftigen Strukturen auf sich selbst zuzuschneiden. Das war weder als Methode noch als Ziel nach Carlo Schmids Geschmack. Es hätte nicht in ein Europa gepaßt, wie

er es sich vorstellte. Der Elegie zufolge imponierte ihm Adenauers
souveräne und leise Führungskunst mehr. Man braucht nur zu
zählen, wie oft er den Präsidenten des Parlamentarischen Rats und
großen Gegenspieler des eigenen Parteiführers in seiner Elegie an-
spricht. Schumacher dagegen wird mit keinem Wort erwähnt. Er
gehörte – genaugenommen – nicht zum Parlamentarischen Rat
und mithin nicht als Adressat in diese Büttenrede; jeder andere Sozialdemokrat hätte ihn dennoch hineingeschmuggelt, vielleicht als
fernen Prometheus auf dem kaukasischen Krankenbett.

Weil Carlo Schmid sich in dieser Zeit noch als hauptverantwortli-
chen parlamentarischen Gegenspieler Adenauers empfand, bezog
er Schumacher nicht ein. Es war ein Löken wider den Stachel in al-
lerfeinster Manier. Den Peiniger, dem er sich verschrieben hatte
und an dem er litt, wie er gestand, ließ er einfach nicht auftreten.
Schumachers Reaktion darauf – wenn es überhaupt eine gab – ist
mir nicht bekannt. Ich könnte mir denken, daß er eine sarkastische
Bemerkung nicht unterdrückt hat, als er hörte, daß sein Statthalter
im Parlamentarischen Rat den großen Gegner mit den Worten um-
schmeichelte:

Carlo Schmid:
  »Doch wo hat je auch um göttlichsten Thron es nicht ferner
      gewittert?
  Saht Ihr der Größe wohl je Gärten des Friedens gesellt?
  Hat achilleischen Groll Agamemnons Stirne umdüstert,
  lauert auf Konradens Pfad eifernd Max Reimannes Zorn. . . .
  Nein, nicht im Westen, im Osten geht auf uns die Sonne der
      Freiheit;
  und Ihr lernet es noch, wenn es in Deutschland einst pikt,
  und dann holt Euch das Volk;
  am Rabenstein warten die Richter,
  und an hänfenem Strang schaukelt Ihr nächstens im Wind!
  Aber da lächelt Held Konrad gleich Nobel, dem König im
      Wildreich,
  und mit sanftestem Wort singt er den Rasenden ein.«

Abgesehen von Theodor Heuss und den vier Frauen im Parlamentarischen Rat wird eines jeden Helden Besonderheit an seinem Verhältnis zu Adenauer dargestellt. Ob Hermann Schäfer, ob Renner,
Pfeiffer, Schwalber, Kleindienst oder Schlör, Laforet, Brockmann,

Greve oder Meerkatz, all die, deren Namen über die Jahrzehnte
schon beinahe in Vergessenheit geraten sind, scheinen auf einen
gemeinsamen Mittelpunkt namens Adenauer bezogen.

Die von Schmid gebrauchten Bilder entstammen dem Reineke
Fuchs von Goethe oder Homers Ilias – die einzelnen Wendungen aber
enthüllen bei näherer Betrachtung doppelte Böden, versteckte Sot-
tisen und treffende Prognosen, wie sie ein mit allen Wassern gewa-
schener Kolumnist nicht besser hätte ausstreuen können. Carlo
Schmid wäre sicher auch ein geschätzter und hochbezahlter Leit-
artikler geworden, hätte er es gewollt. Jedenfalls wußte er als Politiker, mit Journalisten umzugehen, und als Journalist im Neben-
beruf mit Politikern, die sich nicht ungern im Mittelpunkt sehen. Es
hat schon seinen Grund gehabt, daß Carlo Schmid von Adenauer
im Februar 1949 »ein sehr talentierter Mann« genannt wurde.

Anmerkung der Redaktion:
Peter von Zahn war am Tage des Symposions kurzfristig verhindert. Er stellte
seinen Beitrag für die Publikation zur Verfügung.

Martin Schulze

Von Professor Carlo Schmid habe ich bereits profitiert, bevor ich
ihn kennenlernte: Ich hatte das Glück, 1956 am Leibniz-Kolleg zu
sein, das von Theodor Heuss und Carlo Schmid gegründet worden
war. Ich verbrachte dort ein wundervolles Jahr, aus dem auch meine
französischen Freundschaften stammen.

Als ich Carlo Schmid kennenlernte, war ich ein recht unpolitischer Mensch. Wenn Politiker so sind und Politik so ist, wie Carlo
Schmid es sah, schrieb und sagte, dann mache es Sinn, sich mit der
Politik zu beschäftigen, dachte ich. Immer hatte ich den Eindruck,
daß Politiker bei allem Streit, den sie zwangsläufig und vernünfti-
gerweise hatten – was ist Demokratie anderes als öffentlich ausge-
tragener Streit –, ein gemeinsames Ziel hatten: Sie wollten das bes-
sere Deutschland.

Ob Carlo Schmid Sozialdemokrat war oder nicht, ist vielfältig zu
erörtern. Als ich ihn einmal fragte, was er eigentlich in der deutschen Sozialdemokratie mache, warum er überhaupt politisch tätig
sei, antwortete er: »Wir Professoren haben eigentlich zweimal versagt. Deswegen habe ich nach dem Krieg beschlossen, mich einzu-

mischen. Das war der Grund für die Politik.« Und auf meine Frage, warum er in der SPD mitarbeite: »In Perpignan, wenn ich als kleiner Junge vom Spielen nach Hause kam, wußte ich, zu Hause erwarten mich der linnengedeckte Tisch und die silbernen Leuchter und die guten Gespräche. Und dann kam ich an einer Brücke vorbei, unter der Gleichaltrige schlafen mußten. Da ist mir aufgefallen, daß irgend etwas nicht stimmen kann.« Daher kommt nach meiner Auffassung die compassion von Carlo Schmid, die so schwer ins Deutsche zu übersetzen ist. Es ist mehr als Mitleid, es ist ein tiefes Wort im Sinne des Humanismus. Deshalb ist nach meiner Auffassung Carlo Schmid in der SPD gelandet.

Während der Feier anläßlich seines 75. Geburtstages trat u.a. Willy Brandt ans Mikrophon und hielt eine seiner typischen Reden. Anschließend sprach Carlo Schmid, zunächst ein wenig über die Philosophie, die Vorsokratiker und was ihm sonst noch einfiel. Dann ereignete sich ein klirrender Moment: »Also, ich muß euch leider an meinem Geburtstag etwas mitteilen: Die SPD ist nicht meine Partei.« Darauf erstarrten alle. Er sagte weiter: »Ich muß euch noch etwas sagen: Die SPD ist auch nicht meine Heimat.« Und nach einer Pause, Willy Brandt blickte ungläubig in die Runde, sagte Carlo Schmid schließlich: »Es ist alles viel schlimmer: Die SPD ist meine Familie.«

Carlo Schmid hatte auch eine große Neigung, sich selbst darzustellen. Ein Beispiel: Als Peter Scholl-Latour nach Frankreich kam, wollte er Carlo Schmid kennenlernen. Wir besuchten ihn. Er gefiel sich selbst und uns in der Darstellung seiner gewaltigen Bildung. Mein Kollege und Freund Peter Scholl-Latour fand keine Gelegenheit, sich an dem Gespräch zu beteiligen, bis die Rede auf China kam. Scholl-Latour kam soeben aus Schanghai und berichtete von dort. Carlo Schmid entgegnete: »Da muß ich Ihnen einmal von meinem letzten Gespräch mit Mao Tse-tung berichten.«

Carlo Schmid hatte – das ist allgemein bekannt – eine gewisse Zuneigung zu deutschen Gartenzwergen. Sein kleines Haus in Südfrankreich war damit vollgestopft. Bei einer Reise nach Frankreich, die durch die Schweiz führte, kam er an die schweizerische Grenze, und der Zöllner sah im Kofferraum einen Gartenzwerg, den er für Kunst hielt. Carlo Schmid holte weit aus, um zu erklären, daß ein Gartenzwerg keine Kunst sei. Aus dieser Frage, ob ein deutscher Gartenzwerg Kunst sei oder nicht, entspann sich ein längeres Gespräch zwischen einem Schweizer Zöllner und dem Rechtsprofessor und Politiker Carlo Schmid.

Eine zweite Begebenheit im Zusammenhang mit Gartenzwergen in seinem Haus in Südfrankreich erinnere ich gut. Die Situation: Gartenzwerge in Südfrankreich, darüber die Schirmpinien und der blaue Himmel, Carlo Schmid mit üppig wallendem Haar auf seiner Terrasse. Da schnaufte ein Mensch mit sehr kurzem Hals zum Haus hoch und ließ sich in den anderen Stuhl fallen. Dieses Bild habe ich immer noch genau vor mir: Gartenzwerge, Schirmpinien, der lichte Himmel Südfrankreichs, Carlo Schmid und Franz Josef Strauß – gelegentlich hat an dieser Stelle auch deutsche Politik stattgefunden.

Ein Abend in Südfrankreich unter lauem Sternenhimmel ist mir unvergeßlich: Carlo Schmid las auf seiner Terrasse Faust II mit eigenen Erklärungen. Ich war völlig aufgelöst. Am nächsten Tag im Dorf traf ich seine Sekretärin, die auch dort Urlaub machte. Ich schwärmte ihr vor, wie wundervoll es sei, Faust II von Carlo Schmid vorgetragen und erläutert zu bekommen. Darauf antwortete sie trocken: »Was glauben Sie eigentlich? Seit 14 Tagen jeden Abend Faust II mit seinen Erklärungen.«

Wenn ich Probleme hatte und Carlo Schmid fragte, fand ich immer guten Rat. Irgendwann, vor einer schwierigen Entscheidung, sagte er: »Merk dir, es gibt keine richtigen Entscheidungen! Jede Entscheidung ist falsch!«

Bei einer anderen Gelegenheit versuchte Carlo Schmid die Struktur von Außenpolitik in seiner ihm eigenen Weise bildhaft zu erklären. Am Beispiel der Moskauer Verhandlungen erläuterte er, daß bei jeder Verhandlung der Augenblick komme, an dem eine Krise ausbreche. Man stehe vor der Frage, abzureisen oder nicht, weiter zu verhandeln oder abzubrechen. Schließlich, so meinte er, solle man sich in der Politik nichts vormachen lassen. Am Ende auch der kompliziertesten Verhandlung stünde immer nur die Frage: »Kann der andere mich oder kann ich ihn umhauen?« Aus meiner heutigen Erfahrung kann ich sagen, daß diese Weisheit oft zutrifft.

Als ich bei einer anderen Gelegenheit mit ihm über die Fernsehkultur und deren Niedergang sprach, schaute er sich das gesamte Programm an bis zum letzten Wildwestfilm, um sich zu mir hinzuwenden, das Gesicht ein wenig angewidert in Falten zu legen und zu kommentieren: »Dafür arbeitest du?«

Sehr beeindruckt hat mich eine lange Diskussion über die Frage, ob das Recht auf Arbeit in das Grundgesetz aufgenommen werden sollte. Carlo Schmid war ausdrücklich dagegen. Er war der Meinung, daß die Gesellschaft auf Dauer zerstört werde, wenn die Eigeninitiative nicht mehr gefördert werde.

Wir alle sehen, daß diese Republik zunehmend geistig verarmt und sich auf ökonomische Prozesse reduziert. Wir wiederholen, was im Nachkriegsdeutschland vernünftig und richtig war, nämlich die Verwechslung von Leben mit Lebensstandard. Zunehmend bemerkt der eine oder andere, daß dies nicht das ganze Leben sein kann. Carlo Schmid hat das exemplarisch vorgelebt. Ich verstehe die deutsche Sozialdemokratie nicht, warum sie nirgendwo Konzepte, Strategien oder gar Visionen aufzeigt. Ich glaube, daß in einer so tiefgreifenden Zeitenwende, die wir derzeit erleben, das Werk von Carlo Schmid Möglichkeiten einer anderen, besseren Gesellschaft im 21. Jahrhundert aufzeigt. Sein Buch, »Politik als geistige Aufgabe«, ist hierfür eine gute Grundlage. Die breite humanistische Seite seines Werkes böte der deutschen Sozialdemokratie für die Zukunft viele Anknüpfungspunkte. Das Erbe von Carlo Schmid hätte besser gepflegt werden können. Die Arbeit der Carlo-Schmid-Stiftung ist ein guter Ansatz, der wachsen sollte.

Diskussion der Zeitzeugenberichte

Sibylle Krause-Burger
Neben der Frage, was von Carlo Schmid für uns, die Bundesrepublik
Deutschland und die Sozialdemokraten bleibt, sollten wir nachdenken über den Menschen Carlo Schmid in all seiner Widersprüch-
lichkeit und über Carlo Schmid und die Macht.

In Carlo Schmids Leben sehe ich einen grundlegenden Widerspruch: Er hat einen deutschen Vater, eine französische Mutter, er
wurde in Frankreich geboren, wuchs in Deutschland auf – er scheint
zu dieser Abkunft ein nicht eindeutiges Verhältnis gehabt zu
haben. In seinen Erinnerungen schreibt er, daß er erst im Alter von
13 Jahren Perpignan verlassen habe. Bei Petra Weber können wir
hingegen nachlesen, daß er bereits ein halbes Jahr nach seiner Geburt aus Perpignan weggegangen sei. Ich las, Carlo Schmid sei ein
Leben lang ein Südfranzose gewesen. War dieses französische Erbe
zu spüren oder überwog das Schwäbische?

Elisabeth Noelle-Neumann
In Gesprächen mit Carlo Schmid tauchte man in eine neue Welt ein,
die sich als Feuer charakterisieren läßt. Wahrscheinlich war dies
das südfranzösische Erbe in ihm, ohne daß ich je versucht hätte,
diesen Ursprung zu lokalisieren. Er war für mich ein einmalig starker Mensch.

Warum sich dieser starke Carlo Schmid dennoch gegen Herbert
Wehner nicht durchsetzen konnte, läßt sich nur durch die Kenntnis
des Machtmenschen Herbert Wehner erklären. Ich erinnere mich
an eine Diskussion mit Wehner in der Katholischen Akademie in
München, es muß um 1970 herum gewesen sein. Ich widersprach
ihm in einer Sache und stellte eine Gegenthese auf. Plötzlich über-
fiel mich das Gefühl, dies nicht durchhalten zu können. Mir schien,
ein Orkan setze sich mir entgegen. So stark war die Ausstrahlung

von Macht, die Herbert Wehner umgab. Wenn ich mir nun Carlo Schmid neben diesem wirklichen Machtmenschen Wehner vorstelle, standen sich diese beiden Männer geradezu wie entgegengesetzte Elemente gegenüber. Für Carlo Schmid war es ausgeschlossen, sich gegen diesen Machtmenschen durchzusetzen.

Horst Ehmke

Herbert Wehner war als gelernter Kommunist ein hartes Kaliber. Wenn er etwas durchsetzen wollte, dann hat er es als Mann mit Machtwillen, Machtsinn und wenig Skrupel erreicht. Carlo Schmid hatte keine Chance, sich gegen Wehner in der Fraktion durchzusetzen. Wehner zu widerstehen – ich habe selber lange Erfahrungen – härtete ab. Carlo Schmid hat selbst gesagt, daß er nie ein Machtmensch, sondern nur ein Machtkenner gewesen sei.

Offenbar war es vor allem der Einfluß seiner Mutter, die ihn in die französische Kultur im klassisch französischen Sinne eingeführt und für dieses große, beide Länder umfassende Wissen den Boden geebnet hat.

Als junger Kriegsfreiwilliger hat Carlo Schmid sich im Ersten Weltkrieg gemeinsam mit seinen Klassenkameraden zunächst als Soldat gemeldet und war später als junger Pionieroffizier eingesetzt. In einer späteren Rede über das deutsch-französische Verhältnis sprach er auch über das Verhältnis zur eigenen Nation. Dort führte er mit Herzblut aus: »Dieses, was ich Ihnen jetzt vortrage, ist keine Theorie. Ich hatte einmal in meinem Leben zwischen zwei Nationen zu wählen, und ich habe gewählt.« Er hat sich immer als deutscher Patriot empfunden, obwohl er ganz in die faszinierende französische Kulturwelt eingedrungen ist. Carlo Schmid trug politisch nie einen Zwiespalt in sich.

Sibylle Krause-Burger

Es ist aber schwer zu verstehen, daß sich ein junger Mann, der eine französische Mutter hat, der in Frankreich geboren wurde, freiwillig für einen Krieg gegen das Land meldet, in dem er auf die Welt gekommen ist.

Martin Schulze

Als ich Carlo Schmid hierzu befragte, antwortete er mir, daß er seine Mutter gefragt habe, auf welcher Seite er kämpfen solle. Sie habe ihm geantwortet, selbstverständlich auf seiten des Vaterlandes.

Iring Fetscher

Einerseits ging Carlo Schmid wie viele andere junge Leute am Anfang des Ersten Weltkrieges mit einer naiven Begeisterung in diesen Krieg. Andererseits glaubte er offensichtlich, sich entscheiden zu müssen.

Ich habe immer den Eindruck gehabt, daß sein Verstand französisch geprägt blieb. Aus Tübingen, aus Süd-Württemberg-Hohenzollern wollte er ein Land machen, das geistig und im Demokratischen Frankreichs Patriotismus nahe kam. Er war ein homme de lettres in der Politik. In Deutschland gilt der Literat als unpolitischer Mensch, auch wenn Intellektuelle manchmal politisch sein können. Doch in Frankreich ist das Engagement eines homme de lettres in der Politik weit selbstverständlicher. Dies war eine wichtige Antriebsfeder, mit der er enthusiastisch den Aufbau des kleinen Landes im Südwesten begann.

Die Franzosen haben unter Reeducation verstanden, daß die Deutschen möglichst intensiv an die französische Kultur herangeführt werden. Sie waren der Auffassung, wer die französische Kultur liebe und sie kenne, könne kein deutscher Chauvinist mehr sein. Vielleicht hat Carlo Schmid dies auch so gesehen. Eine hohe klassische Bildung nach französischem Vorbild war für Carlo Schmid ein wichtiger Bestandteil dessen, was sich in Deutschland entwickeln sollte. Insofern bleibt ein Stück französisches Herz im deutschen Patrioten Carlo Schmid lebendig.

Karl Moersch

Daß ein homme de lettres auch politisch tätig sein kann, ist vor allem eine französische, aber auch eine schwäbische Tradition. Hierauf hat Carlo Schmid immer großen Wert gelegt. In kleinem Kreis hat er sich oft bemüht, schwäbisch zu sprechen. Er sprach eher ein Stuttgarter Schwäbisch, kein Schwäbisch, das man auf dem Land lernte. Obwohl er innerlich Frankreich in vielem verbunden war, war Württemberg sein Vaterland. Er wollte als Eingeborener akzeptiert werden und sprach daher auch Dialekt, was vielleicht unfein, jedenfalls aber plastisch war.

Die jungen Männer, die sich am Anfang des Ersten Weltkrieges nicht freiwillig meldeten, wären stigmatisiert worden. Unter diesem gesellschaftlichen Druck mußte Carlo Schmid sich entscheiden: Entweder weiterhin zur Schule zu gehen, jedoch von niemandem mehr angesehen zu werden, oder sich als Kriegsfreiwilliger

zu melden. Diese Entscheidung hat er wie viele andere auch getroffen.

Martin Schulze
In vielem blieb Carlo Schmid der französischen Lebensart verbunden. Er liebte die französische Küche, er forderte mich häufig
auf, endlich ordentlich französisch zu lernen und nach Paris zu
gehen, um für die deutsch-französische Verständigung etwas zu tun.
Dies sei bitter nötig. Er hatte ein völlig ungebrochenes Verhältnis
zu diesem Land bewahrt. Vor allem als Koordinator für die deutsch-
französischen Beziehungen war Carlo Schmid beseelt von dem Willen, die Aussöhnung in seinem humanistischen Sinne voranzutrei-
ben. Mehr noch als an der politischen Verbindung lag ihm an der
Versöhnung der Menschen untereinander. In diesem Sinne bemühte
er sich auch intensiv um das deutsch-französische Jugendwerk.

Sibylle Krause-Burger
Mehrfach wurde betont, daß Carlo Schmid sich z. B. gegen den
Machtmenschen Herbert Wehner nicht durchsetzen konnte. Carlo
Schmid war aber doch kein Mensch, der ratlos vor Problemen stand.
Er hatte Macht, er trug politische Verantwortung. Er hat mit Würt-
temberg-Hohenzollern einen Staat aus dem Nichts geschaffen.

Iring Fetscher
In Tübingen hat Carlo Schmid einen Staat unter französischer Besatzungsherrschaft geschaffen. Dabei waren die Franzosen die
eigentlichen Machthaber. Carlo Schmid hat dafür gesorgt, daß das
württembergisch-hohenzollernsche Staatssekretariat, d. h. die Landesregierung, mit den französischen Behörden möglichst reibungs-
los zusammenarbeitete. Er sorgte dafür, daß bei allen Schwierigkeiten mit der französischen Seite die Zusammenarbeit sowohl in
der Politik als auch zwischen den deutschen Bewohnern und den
französischen Besatzungssoldaten möglichst problemlos ablief. Hierbei kam Carlo Schmid zugute, daß die in Tübingen tätigen französischen Besatzungsoffiziere ein offenes Verhältnis zur Kulturpolitik
hatten.

Karl Moersch
Carlo Schmid hat die Landräte aus Württemberg-Hohenzollern intensiv in seine Überlegungen einbezogen. Sofort nach seiner Ernen-

nung zum Regierungschef des neuen Landes hat er die Landräteta-
gung eingeführt. Mit Überredung und starker persönlicher Interpretation der französischen Vorgaben konnte er zahlreiche Maß-
nahmen durchsetzen.

Wichtig war ihm die möglichst gerechte Verteilung der Lebens-
mittel. Das schwäbische Oberland war verhältnismäßig reich, die
Städte, auch Tübingen und Reutlingen, waren arm. Gleichzeitig sollten die Südwürttemberger große Teile ihrer Lebensmittelproduktion
vor allem in die Pfalz liefern, da die Pfalz sich nicht selbst versor-
gen konnte. Dies war einer seiner wichtigen, praktischen Aufgaben,
die er meisterte.

Carlo Schmid hat es auch immer verstanden, die französischen
Machthaber in seine Pläne einzubinden. In vielen Fällen schaffte er
es, die französischen Kreisgouverneure gegeneinander auszuspie-
len.

Sibylle Krause-Burger
Hat Carlo Schmids Interesse an der Macht nachgelassen, je schwieriger es für ihn wurde, sich gegen andere Interessen durchzusetzen? In Württemberg-Hohenzollern war er der entscheidende
Politiker auf deutscher Seite und brauchte sich gegen Konkurren-
ten nicht zu behaupten.

Horst Ehmke
Als anerkannter Vertreter der deutschen Bevölkerung gegenüber der
Besatzungsmacht zu wirken, ist eine andere Situation als Mitglied
in einer Bundestagsfraktion zu sein, dort eine Meinung gegen die
Führung durchzusetzen. Beides ist nicht miteinander vergleichbar.

Carlo Schmid konnte durch das Wort und die Idee diplomatisch
wirken. Er war kein Intrigant, kein Strippenzieher, er hatte keine
Machtbasis, auch Baden-Württemberg war für ihn in der Partei
keine Basis. Carlo Schmid hat nie versucht, im Sinne eines Macht-
kampfes in der Fraktion etwas durchzusetzen, obwohl dies dort an
der Tagesordnung ist.

Carlo Schmid hätte nicht alles machen wollen, wenn man ihn nur
gelassen hätte. Er hatte eine sehr realistische Auffassung von dem,
was ihm lag. Selbstverständlich hätte er sich gerne mit seinen Ideen
durchgesetzt, und z.B. in der Deutschland- und Ostpolitik wäre es
auch gut gewesen. Vieles wäre dann schon weit vor Willy Brandt in
Bewegung geraten. Carlo Schmid war ein Mann ohne Machtsinn,

auch ohne Machtwillen, aber – wie er selbst sagte – mit großer
Machtkennerschaft. Nur kraft seines Wissens und seiner Autorität
hatte er großen Einfluß, der jedoch schwer zu messen ist in einer
SPD, die damals noch ein relativ geschlossener Verein war. In der
Zeit Carlo Schmids war es noch viel schwieriger als heute, seine
Meinung zum Ausdruck zu bringen. Wenn Kurt Schumacher oder
Herbert Wehner eine Parole ausgaben, hierüber vielleicht noch ein
wenig gestritten worden war, dann folgten die seinerzeit noch straff
geführte Partei und Fraktion. Man mußte sehr viel Machtwillen
mitbringen, um sich gegen die Partei- oder Fraktionsführung durchzusetzen. Dies war nicht Carlo Schmids Sache.

Sibylle Krause-Burger
Carlo Schmid hatte keine breite Basis in der SPD-Partei und Fraktion. Hatte er eine Basis in der Bevölkerung? War er populär?

Elisabeth Noelle-Neumann
Carlo Schmid hatte seit Gründung der Bundesrepublik Deutschland eine Popularität in der Bevölkerung, die an die Spitzen der je
vom Institut für Demoskopie in Allensbach gemessenen Werte her-
anreicht. Er hatte einen Bekanntheitsgrad von ca. 90%. In einem
Manuskript für seine Erinnerungen, das vom Verlag nur in erheb-
lich gekürzter Fassung gedruckt wurde, referierte er ein Umfrage-
ergebnis vom März 1958. Die Frage lautete, wer wohl der geeignetste
Mann für den Vorsitz der SPD sei? Von den Anhängern der SPD sprachen sich 36% für ihn und 24% für Erich Ollenhauer aus. Willy
Brandt, Fritz Erler und Max Brauer erhielten jeweils 1% bis 3%.

Als Studenten 1967 über führende Politiker in der Bundesrepublik
befragt wurden, stand Carlo Schmid mit 51% »schätze ich sehr«-
Beurteilungen weit an der Spitze vor Kurt Georg Kiesinger mit 40%
und Karl Schiller mit 36%. Herbert Wehner schätzten 24% und Willy
Brandt 16% sehr.

Die rätselhaft starke Wirkung nicht nur auf die Bevölkerung allgemein, nicht nur auf die SPD-Anhänger, sondern auch auf die Studenten ist in der deutschen Politik ein ungewöhnliches Ereignis
(vgl. Tabelle 5). Das ist weitgehend vergessen.

Sibylle Krause-Burger
Was hat Carlo Schmid zur Entwicklung der Bundesrepublik Deutschland beigetragen, und was bleibt davon?

Tabelle 5
Westdeutschland
Studenten

Die Meinung der Studenten 1967: Ansichten über führende Politiker der Bundesrepublik (Auszug)

	Schätze ich			Kenne ich	
	sehr	auch noch	nicht	nur dem Namen nach	nicht oder keine Angabe
	%	%	%	%	%
Carlo Schmid	**51**	**36**	**7**	**2**	**4**
Kurt Georg Kiesinger	40	44	11	x	5
Karl Schiller	36	48	9	3	4
Gerhard Stoltenberg	30	38	11	12	9
Helmut Schmidt	29	46	16	5	4
Herbert Wehner	24	45	24	3	4
Eugen Gerstenmaier	23	34	37	2	4
Gustav Heinemann	20	29	15	23	13
Franz Josef Strauß	20	31	46	x	3
Willy Brandt	16	50	28	1	5

Aus: Institut für Demoskopie Allensbach: Student und Politik, Sommer 1967

Horst Ehmke
Wir leben nicht am Ende des Zweiten Weltkrieges, die Zeiten und Parteien haben sich seither umfänglich gewandelt. Carlo Schmid hat große Bedeutung erlangen können in einer wirklichen Umbruchsituation. Dort hat er Orientierung gegeben. In der großen Umbruchsituation, in der sich die Gesellschaft derzeit befindet, fehlen vergleichbare Politiker. Zu fragen ist, wie ähnlich müßte jemand Carlo Schmid sein, die oder der gegenüber der Bevölkerung heute eine so weit reichende Wirkung entfalten könnte wie Carlo Schmid vor 50 Jahren.

Martin Schulze
Zu fragen ist auch, ob in unserer gegenwärtigen Zeit die Würde des Menschen durch Persönlichkeiten wie Carlo Schmid wieder in

die Gesellschaft zurückgetragen werden kann. Carlo Schmid könnte hierfür ein Beispiel sein, auch wenn er am Ende tatsächlich eher ein Denker und kein Täter war, wenn er eher eine kontemplative als eine aktive Vita führte. Menschen, die Eigenschaften Carlo Schmids ineinander vereinigen, gibt es sicherlich auch heute noch. Sie beteiligen sich nur nicht aktiv an der Politik. In einer Zeitenwende wie der gegenwärtigen müßten Menschen dieser Art für die politische Mitverantwortung gewonnen werden. Die für Carlo Schmid wichtige Würde des Menschen müßte wieder zu einem aktiven Posten in unserer ökonomisierten Gesellschaft werden.

Iring Fetscher
Es wäre eine Katastrophe, wenn – bei aller Bedeutung Carlo Schmids – sich nicht gleichwertige oder ähnliche Menschen in unserer Gesellschaft fänden und sich im politischen Leben engagierten. Die aktuelle Frage lautet demnach, warum sie heute nicht in ähnliche oder einflußreichere Positionen innerhalb der Parteien, Gewerkschaften oder Verbände gelangen. In unserer Gesellschaft ist eine gewisse Verknöcherung der Institutionen eingetreten, vor der übrigens Carlo Schmid bereits gewarnt hatte.

Zahlreiche Quotenregelungen innerhalb der Parteien und Fraktionen – Geschlecht, Konfession, regionale Herkunft etc. – haben dazu geführt, daß oft nicht die Qualifikation den Ausschlag für die Besetzung von Positionen gibt. Das hat u. a. dazu beigetragen, daß die Attraktivität der Parteien geringer geworden ist. Dennoch ist in großen Gesellschaften Politik nur, oder doch in erster Linie, über Parteien zu gestalten.

Karl Moersch
Für die frühe Zeit der Bundesrepublik ist wichtig, daß Männer wie Carlo Schmid, wie auch Theodor Heuss, Konrad Adenauer und andere allein durch ihre Glaubwürdigkeit die neue Politik vertraten. Die heutige Generation zehrt von dem, was damals nach einem verlorenen Krieg von den Besatzungsmächten als Demokratie glaubwürdig geschaffen wurde. Dies ist das Vermächtnis Carlo Schmids, wie die Umfragen von Elisabeth Noelle-Neumann schlagend beweisen.

Elisabeth Noelle-Neumann

Die außerordentliche Verengung der Sicht auf ökonomische Fragen in heutiger Zeit müßte durch Engagement für Bildung, für Kultur aufgebrochen werden. Im Artikel 1 des Grundgesetzes wird, im Grunde, alles andere überwölbend, von der Würde des Menschen gesprochen – das war für Carlo Schmid eine ganz lebendige Vorstellung, und er verkörperte sie. Nach 1945 haben in diesem Sinn viele Menschen bis hin zu den Studenten 1967 seine Gedanken gehört und sind davon ergriffen gewesen.

Seit 1945 hat sich die Demokratie in Westdeutschland verankert und verwurzelt. Carlo Schmids Anteil hieran ist außerordentlich hoch. Übrigens erleben wir eine solche Verankerung der Demokratie in Ostdeutschland bisher nicht. Die Jahre, die seit dem Fall der Mauer vergangen sind, zeigen dort bislang keine Bewegung, wie sie Carlo Schmid in Westdeutschland belebt und angeregt hat. Wie sehr wünsche ich mir heute Carlo Schmid als Stimmführer im Gespräch der Westdeutschen mit den Ostdeutschen.

Hans-Jörg Kimmich

Ich möchte erinnern an Carlo Schmid als »Sozialarbeiter«, als der er ja gar nicht bekannt ist. 1945 begann er mit wenigen Helfern ein Werk, das heute mit 14 000 hauptamtlichen Mitarbeitern und einem Jahresetat von ca. 1 Milliarde DM unabhängiger Träger der Jugendsozial- und Bildungsarbeit ist. Er begann schon 1946 in Tübingen, als er den Vorschlag von Heimkehrern von der Front und aus der Gefangenschaft, auch ehemaliger HJ-Führer, aufnahm, Tausenden von heimatlosen Jugendlichen Wohnung und Arbeit zu verschaffen in Jugendgemeinschaftswerken. Er sah die Gefahr, daß die Franzosen dieses Engagement falsch auffaßten, gewann aber den französischen Jugendoffizier Henri Humblot, so daß nach ersten Schwierigkeiten dann 1949 in Tübingen der »Internationale Bund für Sozialarbeit« entstand, der heute in allen Ländern der Bundesrepublik erfolgreich tätig ist.

Carlo Schmid sagte am Ende seines Lebens, daß wahrscheinlich auf Dauer außer geistigen Dingen nur zwei Institutionen blieben, die von ihm kündeten: das Jugendsozialwerk mit dem Namen »Internationaler Bund für Sozialarbeit« und das jüdische Heim für Emigranten, das jüdische Altersheim bei Paris. Hierauf waren er und die, die ihm beim Aufbau dieser Institutionen halfen, stolz. Carlo Schmid war auch »Sozialarbeiter des täglichen Lebens«.

Horst Ehmke
Carlo Schmid hat bereits in der Weimarer Zeit mit arbeitslosen Jugendlichen gearbeitet. Er hat dieses Engagement nach dem Zweiten Weltkrieg fortgeführt.

Sibylle Krause-Burger
Carlo Schmid hat Orientierung gegeben. Wenn dies in den letzten Jahren ein wenig in den Hintergrund gedrängt wurde, hat dieses Symposion zur Wiederbelebung beigetragen.

Ich danke allen Referenten und Zeitzeugen, die mitgewirkt haben, und dem Publikum für das rege Interesse. Beim Haus der Geschichte der Bundesrepublik Deutschland und der Carlo-Schmid-Stiftung bedanke ich mich für Idee und Realisierung dieses Symposions, das uns Gelegenheit gab, über Carlo Schmid und seine Politik nachzudenken.

Carlo Schmid unterzeichnet das Grundgesetz am 23. Mai 1949.

Rita Süssmuth

Ansprache

Durch Veranstaltungen im Haus der Geschichte Persönlichkeiten zu ehren, die sich um die Bundesrepublik Deutschland verdient gemacht haben, ist bereits eine Tradition.

Wie Konrad Adenauer und Kurt Schumacher, denen anläßlich des 25. Todestages bzw. des 100. Geburtstages bereits wissenschaftliche Symposien im Haus der Geschichte gewidmet waren, gehört Carlo Schmid zu den großen politischen Persönlichkeiten der Gründergeneration, die die Bundesrepublik Deutschland entscheidend geprägt haben. Für Adenauer war er – nach Kurt Schumachers Tod – in den fünfziger Jahren der gewichtigste parlamentarische Gegenspieler, der wie kein zweiter die politische Konzeption des ersten Bundeskanzlers zu bewerten verstand.

Carlo Schmid tritt uns einmal als Wissenschaftler und Kunstliebhaber, aber auch als kämpferischer sozialer Demokrat entgegen. Zwischen beiden gab es keinen Widerspruch, im Gegenteil: Der Wissenschaftler und Künstler Carlo Schmid behielt durch die Politik stets den Bezug zur nüchternen Wirklichkeit, und der Politiker Carlo Schmid blieb durch Kunst und Wissenschaft davor bewahrt, in leere Schlagworte oder hohle Demagogie zu verfallen.

Den Wissenschaftler und Kunstliebhaber trieb in die Politik, ob und wie es möglich sei, Macht zu vermenschlichen. Diese Überlegung wurde besonders dringlich, als gegen Ende des Zweiten Weltkrieges das ganze Ausmaß der Verbrechen der Naziherrschaft ans Licht kam. Carlo Schmid erkannte, daß Nachdenken darüber nicht genügte. Damit sich ähnliches in Deutschland nicht wiederholen konnte, fühlte sich der Rechtswissenschaftler nach 1945 zum politischen Handeln berufen.

Die Stunde der staatsmännischen Bewährung kam schnell: Die französische Militärverwaltung übertrug Carlo Schmid die Organisation des neuen Landes Württemberg-Hohenzollern. Die nächste große Aufgabe brachte 1948 der Parlamentarische Rat. Als Vorsitzender des Hauptausschusses hatte Carlo Schmid entscheidenden Anteil an der Ausformung des Grundgesetzes in der Gestalt, in der es sich bis heute erhalten und bewährt hat. Hier bot sich Gelegenheit, die Vermenschlichung der Macht verfassungsmäßig abzusichern, Hürden gegen Übergriffe des Staates aufzubauen. Gemeinsam mit den anderen Vätern und Müttern des Grundgesetzes hat Carlo Schmid der Gesellschaft Deutschlands damit den Weg zur freiheitlichen und demokratischen Grundordnung gewiesen.

Doch die Beschränkung auf die Würdigung des theoretischen wie praktischen Verfassungsrechtlers Carlo Schmid unterschlägt den Parlamentarier Carlo Schmid. Mit eindrucksvollen Parlamentsreden gab der glänzende Rhetoriker und vielseitige Humanist seiner Fraktion ein eindrucksvolles Profil. Ihm gelang dabei die seltene Mischung aus wissenschaftlicher Beweisführung und Berücksichtigung historischer, philosophischer und sozialer Zusammenhänge. Carlo Schmid war ein Mann des Geistes, ein homme de lettres, von universaler Bildung, der im Lauf seines Lebens immer wieder zu seinen geistigen Quellen zurückkehrte: Shakespeare, Goethe, Schiller, Baudelaire.

Vielleicht deswegen war er sich immer bewußt, daß Politik nicht um ihrer selbst willen betrieben werden darf. Auf die Frage »Was ist Politik?« antwortete er in einem Vortrag, den er 1952 in Athen hielt:

»Politik ist die Gründung und Erhaltung des Staates; ist Gestaltung – Lockerung und Verdichtung – seines Gefüges; ist Änderung der Beziehung von Staat zu Staat; vor allem aber: Politik ist die Stimmung des Verhältnisses des Menschen zum Staate. Politik ist aber auch der richtige, vom erkennenden Verstand und der Sorge um die anvertrauten Menschen gelernte Umgang mit der Macht ...«

Für Carlo Schmid bedeutete Politik also in erster Linie Wandel in der Kontinuität. In diesem Sinne verstand er die »geistige Aufgabe«, aktiv Politik zu betreiben. Folglich war für Carlo Schmid mit dem Inkrafttreten des Grundgesetzes die Gestaltung des Staates zu einem sozialen Rechtsstaat keineswegs abgeschlossen. Aus vielen seiner im Bundestag gehaltenen Reden spricht der Wille, in der parlamentarischen Arbeit den Geist der Verfassung lebendig zu erhalten und stets zum Maßstab der Gesetzgebung zu machen.

Carlo Schmid war davon überzeugt, daß seine beiden großen Anliegen – Sicherung und Ausbau der freiheitlichen Ordnung nach innen und außen sowie die Schaffung eines vereinten Europas – nur gelingen könnten, wenn sie in den Herzen der Menschen verankert wären. Er versuchte, wo er konnte, der Politik- und Staatsverdrossenheit, die auch heute wieder beklagt wird, entgegenzuwirken.

Diejenigen, die sich nach Fehlschlägen und Niederlagen resigniert in die »Antiwelt des angeblich interessenfreien Geistes« zurückgezogen hatten, ermunterte er beharrlich, wieder aktiv ins politische Geschehen einzugreifen. Nur so ließ sich der von ihm erstrebte Abbau der Gegensätze von aufgeklärtem Geist und Politik erreichen.

In Carlo Schmids Vorstellungen verbanden sich wissenschaftlicher Tiefgang und Realitätssinn, sie haben an Aktualität nicht verloren und sind heute noch so zutreffend wie zu seiner Zeit. Carlo Schmids Werk ist lebendig, seine Ideen regen weiterhin zum Nachdenken an.

Anmerkung der Redaktion:
Den Beitrag trug Bundestagsvizepräsident Dr. Burkhard Hirsch für die Präsidentin des Deutschen Bundestages vor, da Frau Prof. Dr. Rita Süssmuth kurzfristig verhindert war.

Carlo Schmid –
Stationen seines Lebens

1896, 3.12.	geboren in Perpignan (Frankreich)
1914	Abitur am humanistischen Karls-Gymnasium in Stuttgart, Mitglied der Wandervogel-Bewegung
1914–1918	deutscher Kriegsfreiwilliger im Ersten Weltkrieg
1919–1921	Studium der Rechte an der Universität Tübingen
1923	Promotion über die Rechtsnatur der Betriebsvertretungen nach dem Betriebsrätegesetz
1924/25	Rechtsanwalt in Reutlingen
1925–1927	Gerichtsassessor in Tübingen
1927–1931	Amtsrichter in Tübingen
1927/28	Delegation an das Berliner Kaiser-Wilhelm-Institut für ausländisches öffentliches Recht und Völkerrecht
1929	Habilitation über die Rechtsprechung des Ständigen Internationalen Gerichtshofes
1930–1940	Privatdozent für Völkerrecht an der Universität Tübingen
seit 1931	Landgerichtsrat in Tübingen
ab 1933	Berufungs- und Beförderungssperre
1940–1944	Militärverwaltungsrat bei der Oberfeldkommandantur in Lille
1945–1947	Vorsitzender des Staatssekretariats, Landesdirektor für Justiz und Kultus in Süd-Württemberg-Hohenzollern
1946–1950	Landesvorsitzender der SPD Süd-Württembergs
1946–1953	Ordentlicher Professor für öffentliches Recht in Tübingen
1947–1950	Stellvertretender Staatspräsident und Justizminister in Württemberg-Hohenzollern
1947–1973	Mitglied des Parteivorstandes der SPD
1948/49	Mitglied des Verfassungskonvents von Herrenchiemsee und Mitglied des Parlamentarischen Rates
1949–1972	Mitglied des Deutschen Bundestages
1949–1953	Vorsitzender des Außenpolitischen Ausschusses

1949–1966 und 1969–1972	Erster Vizepräsident des Deutschen Bundestages
1949–1952 und 1969–1973	Vorsitzender der Deutschen Gruppe im Parlamentarischen Rat der Europäischen Bewegung
1949–1952	Vizepräsident der Europa-Union
1950–1966	Mitglied der Beratenden Versammlung des Europarates in Straßburg
1953–1966	Ordinarius für die Wissenschaft von der Politik an der Universität Frankfurt/Main; Lehrtätigkeit bis 1968
1958–1970	Mitglied des SPD-Präsidiums
1959	SPD-Kandidat für die Wahl zum Bundespräsidenten
1963–1966	viermal Präsident der Versammlung der Westeuropäischen Union in Paris
1966–1969	Bundesminister für Angelegenheiten des Bundesrates und der Länder
1969–1979	Koordinator für die deutsch-französische Zusammenarbeit
1969–1973	Mitglied der Beratenden Versammlung des Europarates in Straßburg
1970–1974	Vorstandsmitglied des Deutschen Rats der Europäischen Bewegung
1979, 11.12.	gestorben in Bonn

Verleihung des Goethepreises der Stadt Frankfurt/Main am 28. August 1967

Referenten und Zeitzeugen

Borst, Otto
Geboren 1924 in Waldenburg/Württemberg, Dr. phil., 1952–1971 Gymnasiallehrer, 1955–1977 Direktor des Stadtarchivs Esslingen, 1971 Professor für Geschichte an der Pädagogischen Hochschule Esslingen, 1984 Ordinarius für Landesgeschichte an der Universität Stuttgart.
Veröffentlichungen u. a.: Württemberg. Geschichte und Gestalt eines Landes (1978). Schule des Schwabenlands. Geschichte der Universität Stuttgart (1979). Die heimlichen Rebellen. Schwabenköpfe aus fünf Jahrhunderten (1980). Aufruhr und Entsagung. Vormärz 1815–1848 in Baden und Württemberg (1992). Alltagsleben im Mittelalter (⁹1995).

Ehmke, Horst
Geboren 1927 in Danzig, Dr. jur., 1952–1956 wissenschaftlicher Assistent, 1957–1960 wissenschaftlicher Mitarbeiter der Ford Foundation, 1958 Research-Associate an der Law School der Berkeley University, Kalifornien, 1960 Privatdozent in Bonn, 1961 außerordentlicher Professor, 1963 Ordinarius für Öffentliches Recht in Freiburg i. Br., 1966 Dekan der Rechts- und Staatswissenschaftlichen Fakultät, 1967 Staatssekretär im Bundesjustizministerium, März 1969 Bundesjustizminister, September 1969 Bundesminister für besondere Aufgaben, Chef des Bundeskanzleramtes, 1972 Minister für Forschung, Technologie, Post- und Fernmeldewesen, 1974 Rechtsanwalt in Bonn, 1969–1994 Mitglied des Deutschen Bundestages. Veröffentlichungen u. a.: Politik der praktischen Vernunft. Aufsätze und Reden (1969). Politik als Herausforderung. Reden – Vorträge – Aufsätze, 2 Bände (1975, 1979). Die Fristenregelung und das Grundgesetz (1975). Zwanzig Jahre Ostpolitik. Bilanz und Perspektiven (Mithg., 1985). Mittendrin. Von der Großen Koalition zur deutschen Einheit (1994).

Fetscher, Iring
Geboren 1922 in Marbach, Dr. phil., 1959 Dozent
an der Universität Tübingen, 1963 Ordinarius für
Politikwissenschaft an der Universität Frankfurt/
Main, 1968 Gastprofessor an der New School for
Social Research in New York, 1972 Gastprofessor
am Institute for Advanced Study Wassenaar, 1974
Gastprofessor am Institute for European Studies
der Universität Nijmwegen, 1976 Gastprofessor am
Institute for Advanced Study der Australian National University, 1977
Gastprofessor am Institute for European Studies der Harvard University.
Veröffentlichungen u. a.: Von Marx zur Sowjetideologie (1963). Der
Marxismus, 3 Bände (1963–1968). Herrschaft und Emanzipation (1976).
Terrorismus und Reaktion (1977). Pipers Handbuch der politischen
Ideen, bisher 4 Bände (seit 1985). Toleranz – von der Unentbehrlich-
keit einer kleinen Tugend für die Demokratie (1990). Utopien, Illusio-
nen, Hoffnungen – Plädoyer für eine politische Kultur in Deutschland
(1990). Karl Marx / Friedrich Engels – Studienausgabe, 4 Bände (Hg.,
1990). Wer hat Dornröschen wachgeküßt? Das Märchenverwir-
buch (1972). Neugier und Furcht. Versuch, mein Leben zu verstehen
(1995).

Hennis, Wilhelm
Geboren 1923 in Hildesheim, Dr. jur., 1951 wissenschaftlicher Assistent der SPD-Bundestagsfraktion, 1953 wissenschaftlicher Assistent von
Carlo Schmid am Institut für politische Wissenschaft in Frankfurt/ Main, 1960 Professor an der
Pädagogischen Hochschule Hannover, 1962 Ordinarius für politische Wissenschaften an der Universität Hamburg, 1967 Ordinarius für politische
Wissenschaften an der Universität Freiburg i.Br., 1977 Theodor-Heuss-
Professor an der Graduate Faculty der New School of Social Research
in New York, 1987/88 Fellow am Wissenschaftskolleg Berlin.
Veröffentlichungen u. a.: Politik und praktische Philosophie (1963). Politik als praktische Wissenschaft (1968). Verfassung und Verfassungs-
wirklichkeit (1968). Große Koalition ohne Ende (1968). Die deutsche
Unruhe – Studien zur Hochschulpolitik (1969). Die mißverstandene Demokratie (1973). Organisierter Sozialismus. Zum strategischen Staats-
und Politikverständnis der Sozialdemokratie (1977). Max Webers Frage-
stellung (1987). Max Webers Wissenschaft vom Menschen (1997). Hg.
der Reihe »Zeitfragen« (1965–1972). Mithg. der politikwissenschaftlichen Reihe »Politica« (1960–1975).

Krause-Burger, Sibylle
Geboren 1935 in Berlin, Arbeit als Freie Journalistin für verschiedene Zeitungen, Rundfunkan-
stalten und Fernsehen, 1988 Redakteurin und
Kommentatorin in der Chefredaktion Politik des
Süddeutschen Rundfunks.
Veröffentlichungen u. a.: Helmut Schmidt – Aus
der Nähe gesehen (1980). Wer uns jetzt regiert
(1984). Die andere Elite (1989). Der Macht auf
der Spur (1991). Die neue Elite (1995). Wider den
Zeitgeist (1996).

Möller, Horst
Geboren 1943 in Breslau, Dr. phil. habil., Professor für Neuere und Neueste Geschichte, 1978 Mitarbeiter des Bundespräsidialamtes Bonn, 1979
stellvertretender Direktor des Instituts für Zeitgeschichte in München, 1982 Ordinarius für Neuere
Geschichte in Erlangen-Nürnberg, 1989 Direktor
des Deutschen Historischen Instituts Paris, seit
1992 Direktor des Instituts für Zeitgeschichte in
München und Ordinarius für Neuere und Neueste Geschichte zunächst
in Regensburg, ab 1996 an der Ludwig-Maximilians-Universität München. 1986 Gastprofessor am St. Antony's College Oxford, 1988 an der
Sorbonne Paris.
Veröffentlichungen u. a.: Aufklärung in Preußen (1974). Exodus der
Kultur. Schriftsteller, Wissenschaftler und Künstler in der Emigration
nach 1933 (1984). Weimar. Die unvollendete Demokratie ([6]1997). Parlamentarismus in Preußen 1919–1932 (1985). Vernunft und Kritik.
Deutsche Aufklärung im 17. und 18. Jahrhundert (1986). Fürstenstaat
und Bürgernation. Deutschland 1763–1815 ([3]1994). Theodor Heuss.
Staatsmann und Schriftsteller (1990).

Moersch, Karl
Geboren 1926 in Calw, Redakteur, 1947 Mitbe-
gründer der liberalen baden-württembergischen
Demokratischen Volkspartei, die später in der FDP
aufging, 1961 Leiter der FDP-Pressestelle in Bonn,
1964–1976 Mitglied des Deutschen Bundestages,
1971–1974 Vorsitzender der baden-württembergischen FDP, 1970–1976 Parlamentarischer Staatssekretär bzw. Staatsminister im Auswärtigen Amt,
ab 1976 freier Journalist, 1982 Austritt aus der FDP.

Veröffentlichungen u. a.: Kursrevision – Deutsche Politik nach Adenauer
(1978). Sind wir denn eine Nation? Die Deutschen und ihr Vaterland
(1980). Sueben, Württemberger und Franzosen – Spurensuche im Westen
(1981). Bei uns im Staate Beutelsbach – Vom unbekannten Württemberg
(1984). Ein Unterthan, das ist ein Tropf. Politische Lieder der Schwa-
ben aus zwei Jahrhunderten (Hg., 1985). Geschichte der Pfalz – Von den
Anfängen bis ins 19. Jahrhundert (1987). Sperrige Landsleute (1996).

Morsey, Rudolf
Geboren 1927 in Recklinghausen, Dr. phil., Professor em. für Neuere und Neueste Geschichte,
1957 wissenschaftlicher Mitarbeiter der Kommission für Geschichte des Parlamentarismus und
der politischen Parteien in Bonn, seit 1969 deren
Vorsitzender, 1966 Ordinarius an der Universität
Würzburg, 1970 an der Hochschule für Verwal-
tungswissenschaften in Speyer, Mitglied zahlrei-
cher historischer Kommissionen und Beiräte, Mitherausgeber zeitge-
schichtlicher Editionen.
Veröffentlichungen u. a.: Die oberste Reichsverwaltung unter Bismarck
(1957). Die Deutsche Zentrumspartei 1917–1923 (1966). Das »Ermäch-
tigungsgesetz« vom 24. März 1933 (1968, ²1992). Brüning und Adenauer (1972). Der Untergang des politischen Katholizismus (1977).
Konrad Adenauer und die Gründung der Bundesrepublik Deutschland
(Hg., ²1986). Die Bundesrepublik Deutschland. Entstehung und Entwicklung bis 1969 (³1995). Heinrich Lübke (1996).

Mosdorf, Siegmar
Geboren 1952 in Erfurt, Diplom-Verwaltungswis-
senschaftler, 1978 Angestellter der Industriege-
werkschaft Metall, 1981 Landesgeschäftsführer
der SPD Baden-Württemberg, seit 1990 Mitglied
des Deutschen Bundestages für den Wahlkreis
Esslingen, Vorsitzender der Carlo-Schmid-Stiftung.
Veröffentlichungen u. a.: Die Sozialpolitische Herausforderung (Mithg., 1980). Sorge um den Wohl-
fahrtsstaat (Hg., 1982). Strategische Wettbewerbs- und Technolo-
giepolitik in einer globalen Marktwirtschaft. Skizze für ein Modell
Deutschland (1993). Die Ökonomie der globalen Informationsgesell-
schaft, in: Werner Fricke (Hg.): Jahrbuch Arbeit und Technik 1996
(1996). Betrachtungen zur kulturhistorischen Einordnung der Infor-
mationsgesellschaft, in: Wolfgang Thierse (Hg.): Festschrift für Erhard
Eppler (1996).

Noelle-Neumann, Elisabeth
Geboren 1916 in Berlin, Dr. phil., Dr. oec. h.c.,
Professorin für Publizistik, 1940–1943 Redakteurin, 1947 Gründerin, seitdem Leiterin des Instituts für Demoskopie Allensbach, seit 1988 zusammen mit Dr. Renate Köcher, 1996 Errichtung
der Stiftung Demoskopie Allensbach, 1961–1964
Dozentin an der Freien Universität Berlin, 1964
Berufung an die Universität Mainz, Einrichtung
des Instituts für Publizistik, Direktorin bis 1983,
bis heute Forschung und Lehre an der Univer-
sität Mainz, 1978–1991 Gastprofessorin an der Universität Chicago,
1993/94 Eric-Voegelin-Gastprofessur an der Ludwig-Maximilians-Universität München.
Veröffentlichungen u. a.: Einführung in die Methoden der Demoskopie
(1963); überarb. Neuausgabe: Alle, nicht jeder (zus. mit Th. Petersen)
(1996). Die Schweigespirale. Öffentliche Meinung – unsere soziale
Haut (1980); 4. erw. Ausgabe: Öffentliche Meinung. Die Entdeckung
der Schweigespirale (1996). (Mit-)Herausgeberin der »Allensbacher
Jahrbücher der Demoskopie« 1947–1992; in Vorbereitung 1993 bis
1997.

Schäfer, Hermann
Geboren 1942 in Wittlich, Dr. phil., Professor, 1971
wiss. Assistent an der Universität Freiburg, 1986
Leiter des Amtes für Kultur- und Öffentlichkeits-
arbeit im Landkreis Waldshut, Abteilungsleiter
»Sammlungen« am Landesmuseum für Technik
und Arbeit in Mannheim, seit 1987 Direktor der
Stiftung Haus der Geschichte der Bundesrepu-
blik Deutschland in Bonn.
Veröffentlichungen u. a.: Regionale Wirtschafts-
politik in der Kriegswirtschaft (1983). Wirtschafts-
Ploetz (1984). Museum und Politik. Konzeption, Diskussion, Realisie-
rung am Beispiel des Hauses der Geschichte der Bundesrepublik
Deutschland, in: Museumskunde (1/1994). Zwischen Disneyland und
Musentempel – Zeitgeschichte im Museum, in: Museumskunde (60/1995).
Besucherforschung im Haus der Geschichte, in: Museums-Fragen –
Museen und ihre Besucher, hgg. vom Haus der Geschichte (1996).
Erlebnis Geschichte – Eine neue Ausstellung für neue Besucher, in:
Erlebnis Geschichte. Deutschland vom Zweiten Weltkrieg bis heute,
hgg. vom Haus der Geschichte (1996).

Schulze, Martin
Geboren 1937 in Essen, 1956 Studium der Physik und der Philosophie an den Universitäten Tübingen, Bonn und Berlin, 1957 journalistische Tätigkeit als freier Mitarbeiter, vorwiegend bei der NRZ in Essen und anderen Tageszeitungen, seit 1963 Filmautor und redaktionelle Mitarbeit bei »Report« und »Weltspiegel« sowie Mitarbeiter im Planungsstab des Westdeutschen Fernsehens, 1965 Redaktionsleiter »Monitor«, Auslandsberichterstattung aus Ost- und Westeuropa, Afrika und Mittelamerika, 1971 ARD-Fernsehkorrespondent und Studioleiter des Europa-Studios Brüssel des WDR, zuständig für Europäische Gemeinschaften, NATO, Niederlande, Belgien und Luxemburg sowie das Europa-Parlament, 1983 Koordinator für Politik, Gesellschaft und Kultur der ARD in München, Vorsitzender der Konferenz der Chef- und Kulturredakteure, 1989 ARD-Chefredakteur, 1993 ARD-Sonderkorrespondent im Studio Bonn und Moderator von »Bericht aus Bonn«, seit 1995 Studioleiter des ARD-Studios Bonn/ Fernsehen.

Süssmuth, Rita
Geboren 1937 in Wuppertal, Dr. phil., 1969 Professorin für internationale vergleichende Erziehungswissenschaft an der Ruhruniversität Bochum, 1971 Professorin für Erziehungswissenschaften an der PH Dortmund, 1980 Lehrstuhlinhaberin für Erziehungswissenschaft an der Universität Dortmund, 1982 Direktorin des Instituts »Frau und Gesellschaft« in Hannover, 1971–1985 Mitglied des wissenschaftlichen Beirates für Familienfragen beim Bundesministerium für Jugend, Familie und Gesundheit, 1985 Bundesministerin für Jugend, Familie, Frauen und Gesundheit, seit 1987 Mitglied des Deutschen Bundestages, seit 1988 Präsidentin des Deutschen Bundestages.
Veröffentlichungen u. a.: Zur Anthropologie des Kindes. Untersuchungen und Interpretationen (1968). Frauen – der Resignation keine Chance (1985). Das Ende der Männergesellschaft (1987). AIDS. Wege aus der Angst (1987). Kämpfen und Bewegen. Frauenreden (Hg., 1990). Neuland. Dialog in Deutschland (mit Konrad Weiss) (1990). Wenn die Zeit den Rhythmus ändert. Persönliche und politische Erfahrungen im Amt der Bundestagspräsidentin (1991). Gedanken an das Ende des Zweiten Weltkrieges und der nationalsozialistischen Gewaltherrschaft, Stenographischer Bericht (Hg., 1995). Eine deutsche Zwischenbilanz, Standpunkte zum Umgang mit unserer Vergangenheit (Hg., 1997).

Weber, Petra
Geboren 1958 in Ettlingen, Dr. phil., 1988 wissenschaftliche Mitarbeiterin in der Kommission für Geschichte des Parlamentarismus und der politischen Parteien, 1991 Stipendiatin der Deutschen Forschungsgemeinschaft, 1995 wissenschaftliche Mitarbeiterin am Institut für Zeitgeschichte in München /Außenstelle Berlin.
Veröffentlichungen u. a.: Sozialismus als Kulturbewegung. Frühsozialistische Arbeiterbewegung und das Entstehen zweier feindlicher Brüder: Marxismus und Anarchismus (1989). Die SPD-Fraktion im Deutschen Bundestag. Sitzungsprotokolle 1949 bis 1957, 2 Bände (1993). Carlo Schmid 1896–1979. Eine Biographie (1996).

Zahn, Peter von
Geboren 1913 in Chemnitz, Studium der Geschichte, Dr. phil., 1945 Leiter der Wortsendungen des NWDR, 1949 Leiter des NWDR-Landesstudios Düsseldorf, 1951 bis 1964 Rundfunk- und Fernsehkorrespondent in Washington (»Bilder aus der Neuen Welt«). Gründung einer Fernsehproduktion mit eigenem Korrespondentennetz. Seit 1965 Produzent von Fernsehspielen und Wirtschaftsfilmen, Kolumnist und Buchautor – zuletzt die autobiographischen Bände »Stimme der Ersten Stunde« und »Reporter der Windrose«.

Zimmermann, Moshe
Geboren 1943 in Jerusalem, Dr. phil., Studium der Geschichte und Politologie in Jerusalem und Hamburg; Professor für Neuere Geschichte; seit 1986 Direktor des Richard-Koebner-Zentrums für Deutsche Geschichte an der Hebräischen Universität Jerusalem und Inhaber des gleichnamigen Lehrstuhls; Gastprofessor an den Universitäten Heidelberg, Bielefeld, Mainz, Princeton (USA), Köln, Halle und München.
Veröffentlichungen u.a.: Hamburger Patriotismus und deutscher Nationalismus. Die Emanzipation der Juden in Hamburg 1830–1865 (1979). Wilhelm Marr. The Patriarch of Antisemitismus (1986). Die Folgen des Holocaust für die israelische Gesellschaft, in: R. Steininger (Hg.), Der Umgang mit dem Holocaust – Europa – USA – Israel (1994). Wende in Israel. Zwischen Nation und Religion (1996). Die deutschen Juden 1914–1945 (1997).